Oetinger

CHRISTINE NÖSTLINGER (1936 – 2018) gehört zu den erfolgreichsten Kinder- und Jugendbuchautoren der Gegenwart. Sie wurde u.a. mit dem Deutschen Jugendliteraturpreis, dem Österreichischen Staatspreis und dem Hans-Christian-Andersen-Preis ausgezeichnet. Für ihr Gesamtwerk erhielt sie 2003 als erste Preisträgerin den hoch dotierten Astrid-Lindgren-Gedächtnispreis. In der Begründung der Jury hierfür heißt es „Christine Nöstlinger ist eine wahre Nicht-erzieherin im Sinne Astrid Lindgrens. Ihre vielseitige und äußerst engagierte Tätigkeit als Schriftstellerin ist geprägt von respektlosem Humor, scharfsinnigem Ernst und stiller Wärme, und sie steht vorbehaltlos auf der Seite der Kinder und Außenseiter". Dies ist deutlich in ihren Geschichten vom Franz spürbar. Das charmante Schulkind gehört zu Christine Nöstlingers erfolgreichsten Kinderbuchfiguren und hat sich über die Jahre zum Liebling vieler Erstleser entwickelt.

CHRISTINE NÖSTLINGER

Die besten Geschichten vom

FRANZ

Mit Illustrationen von Erhard Dietl

Verlag Friedrich Oetinger · Hamburg

Mehr von Christine Nöstlinger bei Oetinger:

Als mein Vater die Mutter der Anna Lachs heiraten wollte

Konrad oder Das Kind aus der Konservenbüchse

Rosalinde hat Gedanken im Kopf

MIX
Papier | Fördert gute Waldnutzung
FSC® C002795
FSC www.fsc.org

11. Auflage

Max-Brauer-Allee 34, 22765 Hamburg

Druck und Bindung: Livonia Print SIA,
Jurkalnes iela 15/25, LV-1046 Riga, Lettland
Printed 2026
ISBN 978-3-7891-1290-4

www.oetinger.de

Inhalt

Schulgeschichten vom Franz

Wie der Franz Angst-Bauchweh hatte

Der Franz ist sieben Jahre alt und geht in die erste Klasse. Er ist das kleinste Kind in der Schule. Weder in der 1a noch in der 1b noch in der 1c gibt es ein kleineres Kind als den Franz.

Den Franz stört das ziemlich.

Aber seit der Papa dem Franz zweimal die Woche den Kopf ratzekahl rasiert, hält ihn wenigstens niemand mehr für ein Mädchen. Früher ist das dem Franz oft passiert. Das hat ihn nicht bloß gestört, das hat ihn wütend und traurig gemacht.

Der Franz hat eine Mama und einen Papa und einen großen Bruder, den Josef. Der Franz hat eine Freundin, die Gabi.

Die Gabi wohnt in der Wohnung neben dem Franz. Sie ist auch sieben Jahre alt und geht auch in die erste

Klasse. Aber leider geht sie in die 1a, und der Franz muss in die 1b gehen.
Der Franz hat immer fest damit gerechnet, später einmal, in der Schule, neben der Gabi zu sitzen. Als er mit der Mama zum Anmelden in der Schule gewesen ist, hat er der Frau Schuldirektor noch extra gesagt: „Aber ich möchte unbedingt mit der Gabi Gruber in eine Klasse kommen."
„Wird gemacht, Franz", hat die Frau Schuldirektor gesagt und genickt. Doch am ersten Schultag dann klebte ein großes Blatt Papier am Schultor. Darauf stand, welche Kinder in welche Klasse gehörten. Bei 1a stand Gabi Gruber, bei 1b stand Franz Fröstl.

„Da ist ein Irrtum passiert“, sagte die Mama zum Franz. „Komm, wir gehen zur Frau Direktor.“
Weil der Franz aber damals mit der Gabi gerade zerstritten war, erklärte er: „Nein! Ich will eh nicht mit der Gabi zusammen sein!“
„Franz, das wird dir leidtun“, warnte ihn die Mama.
Doch der Franz blieb stur.
„Nie im Leben“, sagte er und ging in die 1b hinein.

Drei Tage später vertrugen sich der Franz und die Gabi wieder gut. Und der Franz war kreuzunglücklich, weil er nicht mit der Gabi in einer Klasse war.
„Mama, ändere das um“, verlangte er.
Doch die Mama schüttelte den Kopf. „Jetzt ist es zu spät“, sagte sie. „Das hättest du dir am ersten Schultag überlegen müssen, lieber Franz.“

Den Franz stört an der Schule auch sonst noch allerhand. Das Lernen geht ihm zu langsam. Vier Wochen sitzt er jetzt schon in der Schule herum, aber schreiben kann er noch immer nicht richtig.
Dauernd muss er zeilenlang große und kleine Kugeln malen und lange und kurze Striche und hohe und niedrige Wellen. Das findet der Franz langweilig. Und der Lehrer ist nicht einmal sehr zufrieden mit den Kugeln und Strichen und Wellen, die der Franz hinmalt. „Schlampig", sagt er, wenn er das Heft vom Franz anschaut. Und wenn er den Franz anschaut, sagt er: „Finger aus der Nase." Der Franz hat nämlich gern den linken Zeigefinger im rechten Nasenloch.
Der Herr Lehrer gefällt dem Franz überhaupt nicht!

„Der kann ja nicht einmal richtig reden“, beschwert sich der Franz bei seinem Papa.
Der Lehrer vom Franz redet wirklich ein bisschen merkwürdig. Sehr kurz redet er.

„Hinsetzen“, sagt er.
„Aufstehen“, sagt er.
„Mund zu“, sagt er.
„Hefte aufschlagen“, sagt er.
„Bücher heraus“, sagt er.
Der Franz ist nicht gewohnt, dass ihn jemand so anredet. „Setzt euch hin, liebe Kinder“ fände der Franz besser. „Seid so lieb und steht auf“ fände der Franz richtiger. „Es wäre nett, wenn ihr still sein könntet“ fände der Franz freundlicher.
„Jetzt wollen wir ein bisschen in die Hefte hineinschreiben“ fände der Franz anregender.
Und „Habt ihr Lust, ein wenig zu lesen?“ fände der Franz höflicher.
„Der Mann ist eben ein Zickzack-Typ“, sagt der Papa vom Franz.
Dem Franz gefällt das Wort. Er sagt immer „der Zickzack“, wenn er von seinem Lehrer erzählt.

Einmal war der Franz bei seiner Oma zu Besuch. Die Oma wohnt im Altersheim. Jeden Sonntag besucht der Franz sie. An diesem Sonntag schien die Sonne, und die Oma sagte zum Franz:
„Gehen wir in den Park, ins kleine Kaffeehaus. Du schaust durstig drein."
Das kleine Kaffeehaus ist mitten im Park vom Altersheim. Wenn die Sonne scheint, stehen drei Tische vor dem Kaffeehaus. An jedem Tisch sind vier Stühle.
Der Franz und die Oma setzten sich an einen der drei Tische. Die Oma bestellte beim Kellner eine Himbeerlimonade für den Franz und einen Kaffee für sich. (Dabei sollte die Oma keinen Kaffee trinken. Wegen ihrem Blutdruck. Der ist zu hoch.) Zwei Stück Schoko-Torte bestellte die Oma auch. (Dabei sollte sie keine Schoko-Torte essen. Wegen ihrem Blutzucker. Der ist zu hoch.)

Der Franz trank Himbeerlimonade und aß Schoko-Torte und erzählte der Oma alle Neuigkeiten, die er wusste. Dass die Mama eine neue Haarfarbe habe, erzählte er. Dass der Papa mit dem Hausmeister gestritten hatte, erzählte er. Dass der Josef in dasselbe Mädchen „verknallt“ sei wie sein Freund Otto, erzählte er. Dass die Frau Berger ganz fürchterlich bös und ungerecht mit ihm geschimpft habe, erzählte er. Und von der Schule, vom unfreundlichen Zickzack, erzählte er auch.

Gerade als der Franz der Oma vormachte, wie der Zickzack redete, sagte hinter dem Franz eine Männerstimme: „Gestatten, sind die zwei Plätze hier noch frei?“

„Sind sie“, sagte die Oma.

Der Franz drehte sich um.

Hinter ihm stand der Zickzack und neben ihm eine alte Frau. Der Franz erschrak ziemlich.

„Servus, Franz“, sagte der Herr Lehrer und setzte sich. Die alte Frau setzte sich auch.
„Sie kennen meinen Enkel?“, fragte die Oma.
„Ich bin sein Lehrer“, sagte der Herr Lehrer.
„Freue mich, Sie kennenzulernen, Herr Zickzack“, sagte die Oma.
Wie hätte sie auch wissen sollen, dass der Lehrer in Wirklichkeit Swoboda hieß! Der Franz hatte ihr immer nur vom Zickzack erzählt.
„Fein, dass ich Sie treffe“, fuhr die Oma fort. „Wissen Sie, Herr Zickzack …“
Mehr hörte der Franz nicht mehr. Er grapschte sich den Rest Schoko-Torte vom Teller und flitzte davon. Ganz rot war er im Gesicht. Er rannte den Kiesweg hinunter und ging hinter den Fliederbüschen in Deckung.
Von dort aus beobachtete er den Kaffeehaustisch. Er sah, dass die Oma unentwegt redete. Dauernd klappte ihr Mund auf und zu und auf und zu.

Sie lässt ihn nicht zu Wort kommen, dachte der Franz. Es erstaunte ihn nicht. Wenn die Oma so richtig loslegte, duldete sie keine Widerrede. Sonst störte das den Franz nicht. Weil die Oma – seiner Meinung nach – immer sehr vernünftige Sachen sagte.
Bloß war die Oma nie besonders höflich.
Sie hatte schon eine Menge Leute sehr beleidigt. Der Franz hielt es nicht für schlau, den Zickzack zu beleidigen.
„Lieber Gott", murmelte er, „mach, dass die Oma keinen Quatsch redet!"
„Heiliger Jesus", murmelte er, „gib, dass die Oma nicht frech wird!"
„Jungfrau Maria", murmelte er, „lass die Oma höflich sein!"
Mehr, fand der Franz, konnte er zur günstigen Entwicklung der Angelegenheit nicht tun.
Fast eine halbe Stunde hockte der Franz hinter den Fliederbüschen. Dann erhob sich der Lehrer endlich. Und die alte Frau stand auch auf. Sie gaben der Oma die Hand, dann kamen sie den Kiesweg entlang auf den Franz zu.
„Aber sie hat recht", hörte der Franz die alte Frau sagen. „Du hast wirklich einen unerhörten Kommandoton drauf!"
Vor den Fliederbüschen blieb die alte Frau stehen.

„Sogar mit mir, mein Sohn“, rief sie. „Sogar mit deiner Mutter kommandierst du nur herum!“

Die alte Frau ging weiter, und der Herr Lehrer wieselte hinter ihr her. „Aber Mama“, hörte ihn der Franz noch sagen.
Dann bellte ein Hund sehr laut, und dann waren der Herr Lehrer und seine Mutter hinter der Wegbiegung verschwunden.

Der Franz kroch aus den Fliederbüschen und lief zur Oma. Die Oma schaute sehr vergnügt drein.
„Was hast du ihm denn gesagt?“, piepste der Franz.

Immer wenn der Franz aufgeregt ist, wird seine Stimme piepsig.
„Die Wahrheit habe ich ihm gesagt", rief die Oma zufrieden.
„Welche Wahrheit?", piepste der Franz.
„Es gibt nur eine Wahrheit", rief die Oma. „Und übrigens heißt er gar nicht Zickzack, er heißt Swoboda."
Die Oma lachte. „Wär ja auch ein saublöder Name!"
„So erzähl mir die Wahrheit schon", piepste der Franz. Er piepste sehr ungeduldig.

„Ich hab ihm gesagt, dass er nicht so zickzack sein soll", sagte die Oma. „Ich habe ihm erklärt, dass kleine Kinder keine Soldaten sind. Und dass ein Lehrer kein Fünf-Sterne-General ist."

Die Oma schaute den Franz erwartungsvoll an. „Das ist doch ganz in deinem Sinne, oder?“
„Schon“, sagte der Franz zögernd. „Aber dem Herrn Lehrer darf man das doch nicht so einfach sagen.“
„Warum nicht?“, fragte die Oma.
„So halt“, sagte der Franz. Besser konnte er es der Oma nicht erklären.
„Na hör einmal“, rief die Oma. „Dieser Zickzack ist ein junger, unerfahrener Schnösel. Und ich bin eine alte, erfahrene Frau. Er kann mir dankbar sein, wenn ich ihm die Wahrheit sage.“
„Sicher“, murmelte der Franz. Er wusste, dass man mit der Oma nicht streiten durfte. Sonst regte sie sich auf. Und Aufregung war für ihren Blutdruck noch schädlicher als Kaffee.

Am Montagmorgen hatte der Franz Bauchweh. Echtes Bauchweh mit Leibschneiden und Darmbrummen.
„Ich hab mein Angst-Bauchweh“, sagte der Franz zur Mama.
„Wegen der Oma und dem Zickzack?“, fragte die Mama. Der Franz nickte.
„Soll ich mit dir in die Schule gehen und mit dem Zickzack reden?“, fragte die Mama. Der Franz schüttelte den Kopf.
Erstens würde die Mama zu spät ins Büro kommen,

wenn sie mit ihm zur Schule ging. Und zweitens war die Mama auch immer für die „Wahrheit". Der Franz fürchtete, die Mama könnte – in aller Unschuld – die Sache noch schlimmer machen.
„Du bist mein tapferer Sohn", sagte der Papa und schlug dem Franz so fest auf die Schulter, dass der Franz fast zu Boden ging.

„Und wenn er dir blöd kommt", riet der Josef, „dann mach ihn drauf aufmerksam, dass du nichts für deine alte, verkalkte Großmutter kannst!"
„Die Oma ist nicht verkalkt", rief der Franz empört und rieb sich die Schulter.
„Sowieso nicht!" Der Josef grinste. „Aber der Zickzack weiß das ja nicht!"
„Ihr habt alle leicht reden", murmelte der Franz, packte sich die Schultasche auf den Rücken und verließ die Wohnung.
Sein Pausenbrot hatte er auf dem Küchentisch liegen lassen. Wer Angst-Bauchweh hat, mag sein Pausenbrot nicht einmal anfassen!

Die Gabi wartete bei der Treppe auf den Franz.
„Schiss?", fragte sie.
„Großen Schiss!", antwortete der Franz.
Ziemlich stumm gingen die Gabi und der Franz zur Schule. Aber sie hielten einander an der Hand. Ein bisschen Trost war das für den Franz schon. Vor der Klassentür der 1b sagte die Gabi leise: „Toi-toi-toi."
Der Franz nickte und ging in seine Klasse hinein. Er setzte sich an sein Pult und räumte sein Schulzeug aus. Verstohlen linste er zum Lehrertisch hin, zum Zickzack. Der Zickzack las Zeitung.
Bis zum Acht-Uhr-Läuten las er in der Zeitung, dann legte er die Zeitung weg, und alle Kinder standen auf und standen stramm. Der Zickzack nickte den Kindern zu. Er schaute den Franz an und sagte: „Setzt euch wieder hin, liebe Kinder."
Die Kinder setzten sich hin.
„Er hat ‚liebe Kinder' gesagt", flüsterte der Ferdi der Irene zu.

„Wieso ist er heute so freundlich?“, flüsterte die Irene dem Gustl zu.
„Vielleicht hat er im Lotto gewonnen!“, flüsterte der Gustl dem Konrad zu.
Und der Zickzack rief: „Es wäre nett, wenn ihr ein bisschen stiller sein könntet!“
Und als die Kinder still waren, fragte er: „Habt ihr Lust, ein wenig zu lesen, oder wollt ihr lieber ein bisschen in eure Hefte schreiben?“
Die Kinder wollten lieber lesen und schlugen die Fibeln auf. Nur der Franz schlug seine Fibel nicht auf. Er saß mauloffen da und starrte den Zickzack an.
„Franz, grüß deine liebe Großmutter von mir“, sagte der Zickzack zum Franz.
Da stand der Franz auf und sagte: „Grüßen Sie Ihre liebe Frau Mutter von mir!“ Und dann kicherte der Franz erleichtert los, und der Zickzack kicherte auch ein bisschen.

In der Pause wollten die Kinder vom Franz wissen, was die Kicherei und die Grüßerei zu bedeuten gehabt habe. Aber der Franz verriet nichts.

Wie der Franz seinen Feind verlor

Der Franz hat einen Feind in der Klasse. Den Eberhard Most. Der Franz hat dem Eberhard Most nie etwas getan, doch der Eberhard Most hat dem Franz vom ersten Schultag an das Leben schwer gemacht.

Der Eberhard Most ist sehr groß und sehr dick. Und anscheinend ist er sehr stolz darauf. Und meint, dünne, kleine Kinder verspotten zu dürfen.
„Was willst du denn in der Schule? Du gehörst doch in den Kindergarten!“, hat er zum Franz am ersten Schultag gesagt.
„Lauf mir ja nicht über den Weg. So Winzigkeiten wie dich überseh ich leicht und tret sie platt!“, hat er am zweiten Schultag zum Franz gesagt.
Am dritten Schultag hat er den Franz hochgehoben und in der Luft zappeln lassen.
Am vierten Schultag hat er dem Franz das Pausenbrot weggenommen.
Aber nicht, weil er es essen wollte. Nur weil er den Franz ärgern wollte!
Er hat dem Franz das Pausenbrot vor die Nase gehalten und gerufen: „Na, hol dir's, du Liliputaner!“
Und wenn der Franz nach seinem Pausenbrot gegriffen hat, hat der Eberhard das Brot schnell wieder weggezogen. Und hat wieder gesagt: „Na, hol dir's, du Liliputaner!“
Und als dann dem Franz die Sache zu blöd war und er gesagt hat: „Behalt mein Brot. Ein fetter Kerl braucht viel Futter“, da hat der Eberhard das doppelte Brot aufgeklappt, den Wurstbelag weggefressen und die zwei gebutterten Brotscheiben dem Franz ins Gesicht

geklatscht. Die eine Scheibe auf die linke Wange, die andere Scheibe auf die rechte Wange.

Jeden Tag fällt dem Eberhard eine Gemeinheit ein, die er dem Franz antun kann.
„Sag es doch dem Zickzack“, rät die Gabi dem Franz. Aber das ist kein guter Rat, denn der Franz mag keine Tratschliese sein.
„Hau ihm doch eine runter“, rät der Papa dem Franz. Aber das ist kein guter Rat, denn der Kleinste in der

Klasse kann den Größten in der Klasse nicht k.o. schlagen.
„Behandel den Kerl einfach wie Luft", rät die Mama dem Franz. Aber das ist kein guter Rat, denn wenn der Franz den Eberhard wie Luft behandelt, behandelt der Eberhard den Franz noch lange nicht wie Luft. Der Eberhard will seinen Spaß mit dem Franz haben. Und den macht er sich. Ganz gleich, was der Franz tut.
„Sag ihm: Lass mich in Ruh, oder mein großer Bruder wird dich so verhauen, dass du eine Woche lang im Bett bleiben musst", rät der Josef dem Franz.
Da der Josef um einen Kopf größer ist als der Eberhard und auch ziemlich stark, hält der Franz den Rat vom Josef für vernünftig. Aber wirklich gebrauchen

kann er ihn auch nicht. Denn immer dann, wenn der Franz den Josef als Hilfe gegen den Eberhard brauchen würde, ist der Josef nicht da.
Am Morgen, auf dem Weg zur Schule, ist der Josef nicht da, weil er mit der Straßenbahn in die Schule fährt. In den Pausen ist der Josef natürlich auch nicht da. Und nach der Schule, auf dem Heimweg, kann der Josef dem Franz auch nicht beistehen, weil er noch in der Schule sitzt. Große Schüler haben länger Schule als Erstklässler. Und der Josef kann ja nicht extra zum Verhauen den Eberhard Most am Nachmittag daheim besuchen!
Darum mag der Franz dem Eberhard erst gar nicht mit dem großen, starken Bruder drohen. Ein großer, starker Bruder, der dann doch nie kommt, würde den Eberhard nicht schrecken.
Aber der Franz hat ja noch die Lilli!
Die Lilli ist eine Studentin und hütet den Franz am Nachmittag. Bis die Mama vom Franz von der Arbeit heimkommt, bleibt sie beim Franz.
Die Lilli hält es nicht aus, dass der Franz wegen diesem Eberhard Most tagtäglich Kummer hat und manchmal sogar heulend nach Hause kommt.
„Der miese Bock kann doch nicht ungestraft Terror machen“, sagt die Lilli. „Da müssen wir uns was einfallen lassen, Kurzer.“

Die Lilli sagt immer „Kurzer" zum Franz. Aber sie meint es nicht böse.
„Gegen den Eberhard lässt sich nichts machen", sagt der Franz.
„Das wär ja noch schöner", ruft die Lilli. „Ich schwör dir, Kurzer, mir fällt schon was ein."
„Aber bitte bald", sagt der Franz. „Lang steh ich das nämlich nicht mehr durch."
Einmal, als der Franz aus der Schule kam, stand die Lilli vor dem Schultor.
Der Franz war erstaunt. „Wieso kommst du mich abholen?", fragte der Franz.

„Weil ich den Eberhard Most kennenlernen will“, sagte die Lilli.
Die Gabi war neben dem Franz aus der Schule gekommen. Sie zeigte zum Schultor hin und rief: „Da kommt er gerade. Der mit der grünen Hose und der Erdäpfel-Nase.“
„Na, dann wollen wir mal“, sagte die Lilli und ging auf den Eberhard zu.
Der Franz und die Gabi gingen nicht mit ihr.

„Haut sie ihm jetzt eine runter?“, fragte die Gabi. „Wahrscheinlich“, antwortete der Franz und wusste nicht recht, ob er sich darüber freuen sollte.
Aber die Lilli redete ganz freundlich mit dem Eberhard. Sie sagte zu ihm: „Ich bin die Lilli. Der Franz hat mir erzählt, dass du unheimlich groß und unheimlich stark bist. Ich mag unheimlich große und unheimlich starke Buben. Willst du nicht heute Nachmittag zu uns kommen? Wir haben eine ganze Kiste Cola und ein ganzes Blech mit Zwetschgen-Kuchen. Und wenn ich dir bei der Hausübung helfen kann, tue ich es gern. Ich bin wahnsinnig gut im Kugelnmalen und MIMI-Schreiben.“
Der Eberhard glotzte die Lilli an, aber er sagte kein einziges Wort.
„Wir wohnen in der Hasengasse Nummer 1“, sagte die Lilli noch, dann ging sie zum Franz und zur Gabi zurück. Sie nahm den Franz an der rechten Hand und

die Gabi an der linken Hand und marschierte mit ihnen heim.
„Nie im Leben“, sagte der Franz, „kommt der Eberhard zu mir!“
„Aber vielleicht kommt der Eberhard zu mir“, sagte die Lilli.
„Da wette ich aber mit dir, dass er nicht kommt“, sagte der Franz.
„Lieber nicht“, warnte ihn die Gabi. „Wetten kann man verlieren. Und wenn du verlierst, bist du unausstehlich!“

Der Franz hätte die Wette glatt verloren. Punkt drei stand der Eberhard vor der Wohnungstür und klingelte Sturm.
„Na, Kurzer“, sagte die Lilli. „Das raffst du wohl nicht, was?“ Sie grinste den Franz an. „Merk dir: Meinem Charme kann kein Mann widerstehen. Nicht einmal ein Eberhard Most.“

„Aber ohne mich", rief der Franz. Er hatte keine Lust, mit seinem Feind Zwetschgen-Kuchen zu essen. Er lief in sein Zimmer und knallte die Tür hinter sich zu.
Die Lilli ging zur Wohnungstür und rief dabei ganz laut: „Hoffentlich ist das auch wirklich mein lieber Eberhard."
„Bin ich", sagte der Eberhard, als die Lilli die Tür aufmachte.
Die Lilli führte den Eberhard in die Küche und bat ihn, am Küchentisch Platz zu nehmen. Sie stellte einen Teller mit zehn Zwetschgen-Kuchenstücken auf den Tisch und zwei Flaschen Cola und ein Bierglas. Sie setzte sich neben den Eberhard und sagte:
„Ich freu mich ja so, dass du gekommen bist. Ehrlich wahr!"

Der Eberhard nahm ein Stück Kuchen, biss ab, kaute und schaute dabei die Lilli hingerissen an.
Der Franz wollte zwar mit seinem Feind keinen Zwetschgen-Kuchen essen, aber wissen, was die Lilli mit dem Kerl redete, wollte er doch. So schlich er aus seinem Zimmer zur Küchentür hin und lauschte. Zuerst hörte er gar nichts. Nur ein schmatzendes Geräusch. Der Franz dachte: Und wie ein Schwein frisst er auch! Doch nach einer Weile dann hörte er die Lilli sagen: „Du bist wahrscheinlich ein wenig erstaunt, liebster Eberhard, dass ich dich eingeladen habe."
„Mhm", sagte der Eberhard.
„Das ist nämlich so", fuhr die Lilli fort. „Ich hatte einmal einen süßen, kleinen Bruder, der war das Liebste, was ich im Leben hatte."
Der Franz dachte: Was redet sie denn da bloß? Sie hat eine große, saure Schwester und sonst nichts! Der Franz kannte schließlich die Lilli-Familie sehr gut. Und wie redet sie denn bloß?, dachte der Franz. So redet sie sonst nie. Sie redet ja lauter Zuckersirup.
„Und meinen lieben, süßen, kleinen Bruder hat vor einem Jahr der Tod hinweggerafft …"
Jetzt schlägt's aber dreizehn, dachte der Franz. Die lügt doch wie gedruckt!
„Und du, lieber Eberhard, schaust ihm ähnlich wie ein Ei dem anderen."

Mir reicht's jetzt, dachte der Franz. Den Plunder höre ich mir nicht länger an. Da kriegt man ja Ohrenstechen davon!

Der Franz ging aus der Wohnung und klingelte an der Nachbartür, bei der Gabi.

„Na?", fragte die Gabi neugierig, als sie ihm die Tür aufmachte. Der Franz berichtete der Gabi, was er gehört hatte.

„Gibt's ja nicht", rief die Gabi.

„Kannst ja rübergehen und selbst hören", sagte der Franz. „Ich hab die Wohnungstür offen gelassen."

„Mach ich", sagte die Gabi und flitzte auf den Gang hinaus und in die Wohnung vom Franz. Der Franz ging in die Küche, zur Mama von der Gabi.
Die Mama von der Gabi räumte Geschirr aus der Spülmaschine. Der Franz lehnte sich an den Eisschrank.
„Na", sagte die Mama von der Gabi. „Dir sitzt heute auch nicht gerade der Schalk im Nacken."
Der Franz sagte: „In unserer Küche hockt mein Feind und isst unseren Zwetschgen-Kuchen."
„Allerhand", sagte die Mutter von der Gabi.
„Dann wird's am besten sein, du isst unseren Zwetschgen-Kuchen."
Sie holte einen Teller mit Zwetschgen-Kuchenstücken aus dem Schrank. Der Franz nahm sich ein Stück und noch ein Stück und noch ein Stück. Und dann noch ein Stück. Der Franz fand, er hatte da einen ziemlich guten Tausch gemacht.

Auf dem Zwetschgen-Kuchen von der Gabi-Mama waren mindestens doppelt so viel Zwetschgen wie auf dem, den der Eberhard gerade mampfte. Und Zwetschgen sind schließlich das Wichtigste am Zwetschgen-Kuchen!
Als der Franz beim fünften Kuchenstück war, kam die Gabi zurück. „Du packst es nicht", rief sie. „Jetzt haben die beiden Brüderschaft getrunken. Seelenbrüderschaft!"

Die Mama von der Gabi schüttelte den Kopf. „Find ich gemein", sagte sie, „dass sich die Lilli mit dem Feind vom Franz verbrüdert."
„Ich auch", sagte die Gabi.
Der Franz sagte nichts. Er konnte das alles einfach nicht begreifen.
Dann halfen der Franz und die Gabi der Gabi-Mama beim Nähkorb-Aufräumen.
Und dann halfen sie ihr beim Vorzimmer-Aufräumen.
Sonst halfen der Franz und die Gabi der Gabi-Mama nie. Aber der Franz war vor lauter Aufregung und Verwirrung so nervös, dass er keine Lust zum Spielen hatte.

„Wann geht er denn endlich heim?“, fragte der Franz an die hundert Mal.
Endlich quietschte nebenan die Wohnungstür. Die Wohnungstür vom Franz quietschte immer, wenn sie aufging. Der Papa vom Franz hätte die Türangeln längst ölen sollen!
„Pscht“, flüsterte der Franz.
Die Gabi-Mama und die Gabi hielten den Atem an.
„Auf Wiedersehen, lieber Bruder“, hörten sie die Lilli sagen.
„Auf Wiedersehen, liebe Schwester“, hörten sie den Eberhard sagen. Und dann hörten sie Getrampel, die Treppe hinunter. Der Franz ließ den Putzlappen, mit dem er gerade den Spiegel poliert hatte, fallen und rannte nach nebenan.
„Lilli“, brüllte der Franz, „Lilli, was soll das? Wieso verschwesterst du dich mit meinem Feind?“

„Abwarten, Kurzer“, sagte die Lilli und lächelte geheimnisvoll. Mehr wollte sie nicht sagen.
Der Franz gab sich damit nicht zufrieden. Bis zum Abend, bis die Mama von der Arbeit kam und die Lilli nach Hause ging, löcherte er sie. Er fragte: „Lilli, warum hast du einen Bruder erlogen?“
Er fragte: „Lilli, warum hast du gelogen, dass der Bruder, den es gar nicht gibt, wie ein Zwillingsei vom Eberhard war?“
„Ist doch logo, Kurzer“, sagte die Lilli. „Damit er mein Seelenbruder wird.“
„Und warum soll er dein Seelenbruder werden?“, fragte der Franz.
Doch die Lilli sagte bloß wieder nur „Abwarten!“ und ging nach Hause.

Am nächsten Tag in der Schule, in der großen Pause, rief der Eberhard Most:
„Alles herhören! Ab jetzt steht der Franz unter meinem Schutz! Wer ihm ein Haar krümmt, kriegt's mit mir zu tun!“
Die Kinder schauten kugelrund. Sie hatten dem Franz ja noch nie etwas getan!
„Meine Schwester ist nämlich Kindermädchen beim Franz“, sagte der Eberhard. „Und am Vormittag vertrete ich sie!“

Seither hat der Eberhard dem Franz nie mehr etwas getan. Der Franz ist glücklich darüber. Doch jedes Glück hat auch ein paar bittere Tropfen. Zweimal die Woche kommt jetzt der Eberhard seine „Seelenschwester“ Lilli besuchen. Kein Fuzerl Kuchen ist mehr im Haus, wenn der Eberhard weggeht.
Aber bei der Gabi-Mama schmeckt dem Franz der Kuchen sowieso besser!

Feriengeschichten vom Franz

Was man über den Franz wissen muss

Der Franz ist acht Jahre alt. Er hat eine Mama, einen Papa und einen großen Bruder, den Josef. Er hat eine Oma, die lebt im Altersheim. Er hat eine Freundin, die Gabi. Die wohnt neben dem Franz und ist auch acht Jahre alt. Aber sie ist um einen Kopf größer als der Franz. Der Franz ist nämlich sehr klein. So klein, dass ihn die Leute fragen: „Kommst du bald in die Schule?"

Das ärgert den Franz. Er schneidet den Leuten, die so dumm fragen, immer ein Gesicht. Und dann sagen die Leute: „Du bist aber ein böses Mädchen!"

Das ärgert den Franz dann noch mehr, und er streckt den Leuten die Zunge heraus.
Dagegen, dass er so klein ist, kann der Franz nichts tun. Aber dagegen, dass man ihn für ein Mädchen hält, kann er schon etwas tun.

Eine Zeit lang hat sich der Franz eine Glatze rasiert, weil Mädchen keine Glatzen haben.

Eine Zeit lang hat er seine Haare mit Haargel zu Stoppelborsten verklebt, weil Mädchen keine Stoppelborsten-Frisur haben.
Doch nun lässt der Franz seine Haare wieder zu blonden Ringellocken wachsen, weil die Gabi gesagt hat: „Ich liebe blonde Ringellocken über alles!"
Dafür trägt der Franz jetzt immer eine Krawatte. Am Handgelenk hat er eine riesige Uhr. Breite Hosenträger und Cowboystiefel hat er auch. In seiner Hosentasche steckt ein Messer in einem Etui mit aufgemaltem Totenkopf. Und vom Hosenbund baumeln dem Franz Zwickzange, Bohrer und Schraubenzieher.
Der Franz denkt: Nur ein Erzdepp hält ein Kind mit

Krawatte, Hosenträgern, Riesenuhr, Cowboystiefeln, Messer, Zange, Bohrer und Schraubenzieher für ein Mädchen! Und um das, was ein Erzdepp meint, muss man sich nicht kümmern!
Mit der Stimme hat der Franz auch Ärger. Die wird piepsig, wenn er wütend, traurig oder aufgeregt ist. Darum tut er sich beim Streiten mit anderen Kindern schwer. Er kann drohen, schimpfen und fluchen, soviel er will, die anderen Kinder lachen bloß.

„Pieps-pieps", äffen sie ihn nach. Sie verstehen gar nicht, was der aufgeregte Franz piepst.
Nur mit der Gabi kann der Franz richtig streiten. Die kennt ihn von Geburt an und versteht ihn auch, wenn er piepst. Aber oft, wenn sie gemein ist, tut sie so, als verstünde sie ihn nicht. Piepst

der Franz wütend „Blöde Kuh“, fragt sie scheinheilig: „Wie bitte?“
Wiederholt der Franz „Blöde Kuh“, wiederholt sie scheinheilig: „Wie bitte?“
Piepst der Franz zum dritten Mal „Blöde Kuh“, sagt sie: „Tut mir leid, ich versteh nur Bahnhof.“
Da könnte der Franz vor lauter Wut zerplatzen. Nur weil er weiß, dass sich die Gabi darüber freuen würde, tut er es nicht. Er nimmt einen Zettel und schreibt darauf: BLÖDE KUH!
Den Zettel knüllt er zusammen und wirft ihn der Gabi an den Kopf.

Worauf sich der Franz freut

Der Franz hat viermal im Jahr Ferien. Einmal zu Weihnachten, einmal im Winter nach dem Zeugnis, einmal zu Ostern. Und einmal im Sommer. Nie kann sich der Franz entscheiden, welche Ferien er am liebsten mag. Einmal denkt er: Die Weihnachtsferien! Weil die mit Christbaum und Geschenken anfangen!
Einmal denkt er: Die Sommerferien! Weil die am längsten dauern.
Einmal denkt er: Die Zeugnisferien! Weil es da schneit und weil ich dann Ski laufen kann.
Einmal denkt er: Die Osterferien! Weil ich da mit der Oma zum Kugler-Bauern fahre. Eigentlich ist es so: Die Ferien, die als nächste dran sind, mag der Franz am liebsten!
Schon am letzten Ferientag im Sommer fragt der Franz: „Wann fangen die Weihnachtsferien an?"
Und am letzten Tag der Weihnachtsferien fragt er: „Wann gehen die Zeugnisferien los?"

Und am letzten Tag der Zeugnisferien fragt er: „Wann gibt's denn Osterferien?" Und am letzten Tag der Osterferien fragte er: „Wann fangen denn endlich die Sommerferien an?"
Könnte sich der Franz nicht immer auf die nächsten Ferien freuen, würde ihm das Leben nur halb so viel Spaß machen.
Der Franz denkt: Ferien sind so schön, weil man da nichts müssen muss!
Wenn keine Ferien sind, muss der Franz allerhand. Punkt sieben Uhr muss er aufstehen. Zehn Minuten später muss er im Bad sein. Viertel vor acht muss er aus dem Haus gehen. Punkt acht Uhr muss er in der Schule hinter seinem Pult sitzen. Dann muss er vier Stunden lang den Mund halten und darf nur reden, wenn ihn der Lehrer etwas fragt. Und so mies geht das den ganzen Tag weiter!

Hausübung muss er schreiben. Turnzeug muss er suchen. Schultasche muss er einräumen. Ein Gedicht muss er lernen. Und zeitig ins Bett gehen muss er auch! Wenn keine Ferien sind, ist das Leben vom Franz schrecklich eingeteilt.
Das mag der Franz nicht. Er denkt: Wär doch nichts dabei, wenn ich hin und wieder ein bisschen später in die Schule käme. In den ersten paar Minuten ist ohnehin nichts los!
Er denkt: Würde doch nichts ausmachen, wenn ich manchmal keine Hausübung schreiben würde. Würde ich eben am nächsten Tag doppelt so viel schreiben. Ob ich jeden Tag fünf Sätze oder jeden zweiten Tag zehn Sätze schreibe, kommt auf das Gleiche raus.
Er denkt auch: Wär kein Unglück, wenn ich am Abend lang fernschauen würde. Tät ich halt in der Schule ein bisschen gähnen.
Oft beschwert sich der Franz bei der Mama: „Warum muss ich so viel müssen?" Dann sagt die Mama: „Das sind eben deine Pflichten!"
Manchmal sitzt der Franz in seinem Zimmer und murmelt verbittert: „Pflicht-Pflicht-Pflicht …"
Je länger er murmelt, umso hässlicher kommt ihm dieses Wort vor.
Für den Franz ist „Pflicht" das hässlichste Wort der deutschen Sprache.

Wenn Ferien sind, hat auch die „Pflicht“ Ferien. Der Franz kann schlafen, so lange er mag. Hausübung gibt es keine. Er muss die Schultasche nicht einräumen. Am Abend darf er lange aufbleiben. Und am Vormittag kann er gähnen, so viel er nur mag.
In den Ferien ist das Leben so, wie es 365 Tage im Jahr sein sollte!

Wo der Franz bleibt

Der Papa und die Mama freuen sich nicht über die Ferien vom Franz. Sie gehen zur Arbeit und haben viel weniger Urlaub, als der Franz Ferien hat. Kommen Ferien, gibt es immer das Problem: Wer hütet den Franz? Der Josef mag den Franz nicht hüten. Er sagt: „Der Zwerg ist mir lästig!" Muss er trotzdem auf den Franz aufpassen, ist er ekelhaft.
Wenn dann die Mama von der Arbeit kommt, hockt der Franz in seinem Zimmer und weint.
Darum kümmert sich die Oma in den Osterferien um den Franz und fährt mit ihm zum Kugler-Bauern.
In den Weihnachtsferien nimmt die Mama Urlaub, in den Zeugnisferien der Papa.

Für die Sommerferien bleiben dem Papa und der Mama dann nur noch drei Urlaubswochen. Doch die Ferien vom Franz dauern neun Wochen! Und der

Franz kann nicht sechs Wochen lang, vom Montag bis zum Freitag, vom Morgen bis zum Abend, allein daheim sein. Mit acht Jahren ist man zum Alleinsein noch zu jung!
In den sechs Ferienwochen, in denen der Papa und die Mama arbeiten müssen, kümmert sich jede Woche jemand anders um den Franz. Eine Woche ist er bei der Gabi. Eine Woche kommt die Lilli. Die ist eine Studentin. Eine Woche geht der Franz zur Tante Betti, eine Woche geht er ins Altersheim zur Oma. Und eine Woche geht er zum Eberhard Most. Der ist ein Schulfreund von ihm. Und eine Woche ist er beim Opa Pribil. Der ist kein echter Opa.

Der ist ein alter Mann, der im Haus vom Franz wohnt. Der Franz ist gern jede Woche woanders. Bei der Gabi ist er gern, weil er die Gabi gernhat. Die Woche mit der Lilli mag er, weil die Lilli toll spielen kann. Ins Altersheim geht er gern, weil sich die alten Leute dort über seinen Besuch freuen. Bei der Tante Betti ist es schön, weil die den Franz den ganzen Tag fernschauen lässt. Zum Eberhard geht der Franz gern, weil er mit dem Spiele spielen kann, die die Gabi und die Lilli nicht mögen: Bankraub, Schiff-in-Not, Marslandung und Fliegerabsturz. Und die Woche beim Opa Pribil liebt der Franz, weil der Opa Pribil supertoll Geschichten erzählen kann.

Wie der Franz das Problem löste

Als das zweite Schuljahr vom Franz zu Ende ging, zwei Wochen vor den Ferien, sagte die Mama: „Der Opa Pribil zieht weg! Diesmal fällt deine Woche bei ihm aus!“
Der Franz sagte: „Bin ich halt dafür zwei Wochen bei der Tante Betti.“ Er dachte: 11 Fernsehprogramme sind auch so gut wie die Geschichten vom Opa Pribil.
Die Mama sagte: „Mit der Betti klappt es auch nicht. Die bekommt erst im Herbst Urlaub!“
Der Franz sagte: „Besuch ich eben drei Wochen die Oma.“ Er dachte: Im Altersheim gibt es auch Fernsehen und Leute, die Geschichten erzählen.
Die Mama sagte: „Geht nicht. Die Oma ist in diesem Sommer auf Kur!“ Die Mama seufzte. „Und die Lilli hat auch abgesagt. Die hat einen besseren Job gefunden!“
Der Franz fragte: „Bin ich dann drei Wochen bei der Gabi und drei Wochen beim Eberhard?“

Die Mama schüttelte den Kopf. „Mehr als eine Woche beim Eberhard, das wäre eine Zumutung für die Frau Most!"
Den Franz kränkte es, eine Zumutung zu sein. Aber das sagte er nicht.
Er fragte: „Dann bin ich fünf Wochen bei der Gabi?"
Die Mama sagte: „Bei der Gabi kannst du nur zwei Wochen sein. Nachher ist sie mit ihren Eltern in Italien."
Der Franz zählte zusammen: 2 Wochen Gabi, 1 Woche Eberhard, 3 Wochen mit Papa-Mama, das machte: 6 Wochen!
Der Franz fragte: „Und wo bin ich die restlichen drei Wochen?"

„Keine Ahnung", sagte die Mama und seufzte.
Da fiel dem Franz ein: Der Eberhard fährt in den Ferien für drei Wochen in ein Kinderheim. Ganz begeistert hatte er dem Franz davon erzählt. Herrlich sei es

dort! Das Essen super, die Heim-Tanten prima, sogar ein Pony zum Reiten gebe es dort und einen See zum Baden. Und eine Wiese mit Turngeräten!
Der Franz sagte: „Wie wär's denn, wenn ich mit dem Eberhard ins Heim fahre?"

„Das wäre eine Lösung", sagte die Mama.
Im Kinderheim war noch ein Platz frei. Die Mama freute sich sehr. Aber der Franz freute sich von Tag zu Tag weniger.
Am letzten Schultag war ihm schon richtig mulmig

zumute. Er war noch nie ohne Papa, Mama oder Oma von daheim weg gewesen. Keine einzige Nacht in seinem Leben hatte er bisher ohne Mama, Papa oder Oma verbracht.

Vor den Nächten im Heim war dem Franz so bange. Doch das sagte der Franz niemandem. Er wollte seine Angst nicht zugeben. Er meinte, es sei blöd, sich vor Nächten ohne Verwandtschaft zu fürchten. Die letzten Tage vor der Abfahrt ins Heim betete der Franz jeden Abend: „Lieber Gott, mach mir Masern! Jungfrau Maria, schick mir die Grippe! Christus, brich mir ein Bein!"

Leider nützten die Gebete nicht. Am Abfahrtstag war der Franz pumperlgesund. Doch er hoffte: Vielleicht gibt es auf dem Weg zum Bahnhof einen Stau. Dann versäume ich den Zug. Es gab keinen Stau! Pünktlich waren die Mama und der Papa mit dem Franz am Bahnhof. Der Franz dachte: Jetzt hilft nur noch Ausrutschen-

Hinfallen-Gehirnerschütterung! Dreimal versuchte er es. Einmal in der Halle, einmal auf der Rolltreppe, einmal auf dem Bahnsteig. Beim ersten Mal hielt ihn der Papa fest, beim zweiten Mal fing ihn die Mama auf, beim dritten Mal plumpste er dem Eberhard in die Arme, und der rief: „Fein, dass du schon da bist!"

Da war dem Franz klar, dass es kein Entrinnen mehr gab.
Er ließ sich vom Papa und der Mama küssen und vom Eberhard in den Zug schubsen und in ein Abteil ziehen.
Dort saßen schon zwei Buben.
Der eine zeigte auf den Franz und fragte den Eberhard: „Ist das dein kleiner Bruder?"
Der Eberhard rief: „Spinnst du? Der Franz geht mit mir in eine Klasse!"
Da sagte der andere Bub: „Dann gehört er ins Buch der Rekorde, als kleinster Achtjähriger der Welt!"
Der Franz stellte sich zum Fenster. Er schaute hinter

dem Papa und der Mama her, die in die Bahnhofshalle gingen. Tränen stiegen ihm in die Augen.

„Bist du traurig?“, fragte der Eberhard. Der Franz gab keine Antwort. Ein trauriger Franz konnte ja nur piepsen. Hatte gerade noch gefehlt, dass die zwei Buben dann gesagt hätten: „Der Winzling gehört ja ins Buch der Rekorde, als piepsigster Piepser der Welt!“

Wie der Franz streikte

Im Kinderheim war es gar nicht so übel, wie der Franz befürchtet hatte.
Am ersten Tag lachten zwar ein paar Buben über den Franz. Weil er so klein war. Doch der Eberhard stellte das gleich ab. Er drohte: „Wer den Franz beleidigt, wird von mir zu Brei gestampft!“
Da ließen die Buben den Franz in Frieden. Aber die meisten Kinder waren ohnehin gleich von Anfang an lieb zum Franz. Und die Nächte waren auch nicht so schlimm. Der Franz schlief mit dem Eberhard und dem Tommi in einem Zimmer. Die beiden schnarchten um die Wette. Der Eberhard schnarchte so pfeifend wie der Papa, der Tommi schnarchte so röchelnd wie die Mama. Da kam sich der Franz fast vor wie daheim!

Die eine Heim-Tante, die Tante Olli, machte den Franz zum Pony-Friseur. Der Franz durfte dem Pony jeden Tag den Schweif bürsten.
Beim Schwimmen im See war der Franz der Beste! Obwohl er um einen Kopf kleiner war als die anderen, war er denen immer um eine Franz-Länge voraus. Darauf war er sehr stolz.

Sogar das Essen im Heim schmeckte gut. Bloß auf dem Kakao war immer eine Haut obendrauf!
Eigentlich störte den Franz nur eines: Alles war eingeteilt! Halb acht musste man aufstehen. Punkt acht Uhr musste man Frühstück essen. Um neun Uhr musste man auf die Wiese spielen gehen. Punkt zwölf Uhr war Mittagessen. Und so ging das weiter, bis zum Abend. Da musste man Punkt acht Uhr im Bett sein und Punkt neun Uhr das Licht löschen.
Dem Tommi und dem Eberhard gefiel das auch nicht. Sie gaben dem Franz recht, wenn er maulte: „Immer wird man eingeteilt!"
Und eines Tages, als der Gong zum Mittagessen rief, legte sich der Eberhard aufs Bett, verschränkte die Arme über der Brust und sagte: „Da spiel ich nicht mehr mit!"

„Ebenso!“, sagte der Tommi, legte sich aufs Bett und verschränkte die Arme über der Brust.
„Wir müssen aber essen gehen“, sagte der Franz.
„Wir müssen gar nichts“, sagten der Tommi und der Eberhard. Da legte sich der Franz auch auf sein Bett. Er verschränkte die Arme über der Brust und schielte auf die Armbanduhr.

Zwölf nach zwölf ging die Tür auf, ein Bub rief ins Zimmer: „He, essen kommen!“
Die drei rührten sich nicht, da murmelte der Bub „Deppen“ und ging weg. Der Franz blinzelte weiter auf die Uhr.
Zwanzig nach zwölf ging wieder die Tür auf. Die Tante Olli kam herein. „Seid ihr krank?“, fragte sie.
„Wir sind gegen die Einteilung“, sagte der Eberhard.
Und der Tommi sagte: „Wir wollen nicht immer nach der Uhr!“

Und der Franz piepste: „Weil es in den Ferien keine Pflicht geben soll!“

„Wie wollt ihr’s denn?“, fragte die Tante Olli.

„Locker“, sagte der Eberhard.

„Nach Lust und Laune“, sagte der Tommi.

„Spontan“, piepste der Franz und war stolz darauf, so ein schönes Fremdwort zu wissen.

„Ich fürchte nur“, sagte die Tante Olli, „wenn ihr spontan, nach Lust und Laune, locker in den Speisesaal kommt, werden die anderen Kinder alle Schinkenfleckerln aufgegessen haben!“

Da sprang der Eberhard aus dem Bett und raste aus dem Zimmer zum Speisesaal. Der Tommi raste hinter dem Eberhard her. Schinkenfleckerln waren die Leibspeise der beiden!

„Na, und du?“, fragte die Tante Olli den Franz.

Der Franz blinzelte auf die Uhr. Dreißig Minuten nach zwölf Uhr war es.

Der Franz dachte: Halb eins, das ist eine gute Essenszeit. Und die habe ich mir selber ausgesucht. Spontan und locker, nach Lust und Laune.

Dann ging der Franz mit der Tante Olli in den Speisesaal und bekam die allerletzte Portion Schinkenfleckerln. Zwei Tage später bekam die Mama vom Franz eine Ansichtskarte. Auf der Vorderseite waren das Kinderheim und der See, auf der Rückseite stand:

Liebe Mama!
Wir haben gestreikt, weil wir nicht um zwölf essen wollen! Weil wir aber um zwölf sowieso Hunger haben, essen wir ab jetzt freiwillig um zwölf!
Bussi Franz

Wie sich der Franz rächte

Einmal, am Abend, als sie im Bett lagen, sagte der Tommi: „Ich muss mich am Michi rächen!"
„Warum?", fragte der Eberhard.
„Weil der Michi gesagt hat, dass ich ein Affe bin", antwortete der Tommi.
„Der ist selber ein Affe", sagte der Eberhard. „Der glaubt nämlich an Gespenster."
„Super!", rief der Tommi. „Dann werde ich ihn als Gespenst erschrecken."
„Wie denn?", fragte der Eberhard.
„Ich ziehe mir ein Leintuch über den Kopf", erklärte der Tommi. „Und darunter

habe ich eine Taschenlampe, die leuchtet sehr schaurig

durchs Leintuch durch. Und dann schleiche ich in sein Zimmer zu seinem Bett und röchle, bis er munter ist!"
Der Franz fand das gemein. Aber das sagte er nicht. Das hatte keinen Zweck. Der Tommi war stur, der hätte auf den Franz bestimmt nicht gehört.
Der Franz dachte: Ich werde verhindern, dass er den armen Michi erschreckt! Und dann fiel dem Franz noch etwas ein. Es fiel ihm ein, dass er eigentlich allerhand Grund hätte, sich am Tommi zu rächen.
Fast jeden Tag ärgerte der Tommi den Franz. Er legte einen nassen Schwamm unter seine Bettdecke.

Er versteckte seine Hosenträger.
Er nähte ihm ein Hosenbein zu. Er warf eine Plastikfliege in seinen Suppenteller. Einmal hatte er ihm sogar einen Schuh am Fußboden angenagelt! Und wenn sich der Franz darüber aufregte, sagte er bloß: „Sei kein Langweiler! Spaß muss sein!"
Der Franz dachte: Na warte, Tommi! Wer andern eine Grube gräbt, fällt selbst hinein! Am nächsten Vormittag flüsterte der Franz dem Michi zu: „Ich muss mit dir reden, geheim! Folg mir unauffällig!" Hinter dem Haus, zwischen den Abfallkübeln, hockten dann der Franz und der Michi sehr lange. Sie tuschelten und kicherten. „Alles klar?", fragte der Franz schließlich. „Alles klar!", antwortete der Michi.

Nach dem Mittagessen musste man im Heim eine Stunde Mittagsruhe halten. Meistens lasen der Eberhard, der Tommi und der Franz während der Mittagsruhe. Oder sie schrieben Karten. Doch an diesem Tag sagte der Tommi: „Ich muss jetzt schlafen, damit ich am Abend putzmunter bin. Zum Geistern!"
„Wann geht's denn los?", fragte der Franz.
„Um Mitternacht natürlich", sagte der Tommi.
Und der Eberhard kicherte: „Gespenster treten immer Schlag zwölf auf."
„Sowieso", sagte der Franz. Dann murmelte er: „Ich muss mal", und tat, als liefe er aufs Klo. In Wirklichkeit lief er ins Nachbarzimmer und flüsterte dem Michi etwas zu.

Am Nachmittag borgte sich der Franz vom Kurti den Wecker, stellte ihn auf „5 vor 12" und gab ihn dem Michi. Ganz heimlich natürlich! Auch dem Eberhard sagte er nichts davon, denn der Eberhard fand die Geister-Idee vom Tommi gut. Er freute sich schon auf Mitternacht. „Wird ein Riesenspaß werden", sagte er.
„Ganz sicher", sagte der Franz und lächelte dabei hinterhältig.

Am Abend wartete der Tommi brav in seinem Bett, bis es neun Uhr vorbei war, bis im Haus alles still war, bis es draußen stockfinster war. Im Zimmer war es auch stockfinster. Nach neun Uhr durfte in keinem Zimmer mehr Licht brennen.
Es wurde zehn Uhr, es wurde elf Uhr.
Der Eberhard gähnte mächtig. Sogar der Tommi gähnte ein bisschen. Putzmunter war bloß der Franz. Der hatte vor Aufregung Herzflattern und Nabelsausen.

Dann fragte der Eberhard: „Tommi, willst du die Geisterei nicht vorverlegen? Mir fallen schon die Augen zu."
„Nur nicht", piepste der Franz. „Richtig schaurig ist es erst um Mitternacht!"
„Genau!", sagte der Tommi und wartete weiter, im Stockfinstern. Aber alle paar Minuten knipste er die Taschenlampe an und schaute auf die Uhr. Endlich sagte er: „Drei vor zwölf! Ans Werk, Freunde!" Der Eberhard und der

Franz sprangen aus den Betten und zogen die Leintücher von den Matratzen. Im Schein der Taschenlampe wickelten sie den Tommi in das eine Leintuch und legten ihm das andere Leintuch über den Kopf. Schaurig schaute das Tommi-Gespenst aus! Richtig zum Fürchten! Besonders das Taschenlampenlicht, das schummrig durchs Leintuch flackerte, war zum Gänsehautkriegen!

„Los geht's!", murmelte das Gespenst und tappte zur Tür und trat auf den Flur hinaus. Der Eberhard und der Franz kamen hinter dem Gespenst her. Auf dem Flur war es düster. Nur vorne, bei der Treppe, brannte ein winziges Lämpchen.
Das Gespenst tappte zum Nachbarzimmer.
Leise öffnete es die Tür und huschte ins Zimmer hinein. Schnell zog der Franz die Tür wieder zu.
Hinter der Tür fing es an zu stöhnen, zu schnaufen und zu röcheln. Entsetzlich schaurig und schrecklich laut. Das konnte nicht der Tommi sein! So vielstimmig konnte auch ein sehr begabtes Gespenst nicht röcheln, stöhnen und schnaufen! Und dann wurde die Tür aufgerissen, das Tommi-Gespenst wankte aus dem Zimmer und plumpste dem Eberhard in die Arme. Total zittrig war es!
Der Eberhard hielt das zitternde Gespenst in den

Armen und starrte ganz verdutzt ins Michi-Zimmer hinein.
Im Zimmer waren vier Betten. In jedem saß ein schauriges Gespenst, mit einem Leintuch über dem Kopf, durch das Taschenlampenlicht schummrig flackerte. Und das Gespenst, das im Michi-Bett hockte, rief: „Bist eben doch ein Affe, Tommi!"

Der Tommi zitterte so stark, dass er gar nicht richtig gehen konnte. Der Eberhard schleppte ihn ins Bett zurück. Dort lag der Tommi dann und zitterte weiter. Lang dauerte es, bis er sich beruhigt hatte und eingeschlafen war.

Am nächsten Morgen fragte der Tommi ganz grimmig: „Wer von euch beiden hat mir das eigentlich eingebrockt?“

„Das wirst du nie erfahren“, sagte der Eberhard. Wenn's wirklich darauf ankam, hielt der Eberhard immer zum Franz!

Und der Franz piepste: „Ist ja auch egal! Sei kein Langweiler! Spaß muss sein!“

Detektivgeschichten vom Franz

Der Franz lässt sich zu viel gefallen

Der Franz Fröstl ist acht Jahre und ein paar Monate alt. Er wohnt mit seinen Eltern und seinem großen Bruder, dem Josef, in der Hasengasse.
Seine Freundin, die Gabi Gruber, wohnt im selben Haus wie er, in der Wohnung nebenan. Einen Freund hat der Franz auch. Der heißt Eberhard Most und sitzt in der Schule neben ihm.

Die Gabi geht nicht in die Klasse vom Franz. Sie geht in die 2a. Der Franz und der Eberhard gehen in die 2b. Weil die Mama und der Papa vom Franz den ganzen Tag arbeiten sind, bekommt der Franz bei der Gabi das Mittagessen und bleibt auch am Nachmittag bei ihr. Außer an den Wochenenden natürlich. Da ist er lieber mit seiner Mama und seinem Papa zusammen.

Der Franz hat die Gabi sehr gern. Aber leicht hat er es mit ihr nicht. Sie ist oft recht launisch, und sie kann ziemlich eklig werden, wenn der Franz nicht tut, was sie will.
Die Gabi-Mama sagt oft zu ihm: „Franz, du bist viel zu gutmütig! Lass dir von der Gabi nicht alles gefallen."
Das nimmt sich der Franz auch immer vor. Bloß ist das nicht so einfach. Wer sich nicht alles gefallen lassen will, muss entweder weggehen oder sich streiten.

Weggehen will der Franz nicht, weil er nicht allein daheim herumsitzen will. Und streiten kann der Franz gar nicht gut. Weil seine Stimme immer ganz hoch und piepsig wird, wenn er sich aufregt. Mit einer Piepsstimme richtet man gegen lautes Gekeife nichts aus. Und im laut Keifen ist die Gabi einsame Spitze.
„Dann knall der zickigen Laus einfach eine!", rät der Josef, der große Bruder, dem Franz. Der Josef ist immer für einfache Lösungen von Problemen.
Aber der Franz mag brutale Gewalt nicht. Außerdem würde die Gabi zurückschlagen, und es käme zu einer richtigen Rauferei. Und der Franz glaubt nicht, dass er dann der Sieger wäre. Die Gabi ist fast einen Kopf größer als er und mindestens so stark wie er. Darum macht der Franz meistens brav, was die Gabi will. Auch bei ihren Hobbys macht er mit. Obwohl das sehr anstrengend ist, denn die Gabi hat alle paar Wochen ein anderes Hobby.

Einmal will sie unbedingt zaubern lernen und übt mit einem Zauber-Kasten und gibt dem Franz die Schuld, wenn ihr die Zauber-Tricks misslingen.

Einmal sammelt sie Papier-Servietten mit Aufdruck, und der Franz muss alle Leute, die er kennt, um bunt bedruckte Servietten anbetteln.

Einmal trainiert sie auf Schach-Meisterin, und der Franz muss mit ihr jeden Tag Schach spielen und darf sich nicht darüber aufregen, dass sie dauernd andere Regeln erfindet, um zu gewinnen.

Einmal will sie Schmetterlinge sammeln und rennt mit einem Schmetterlingsnetz durch den Park und ist stinksauer, weil nirgendwo ein Schmetterling flattert.

Und dann behauptet sie, der Franz vertreibe die Schmetterlinge absichtlich, weil sie ihm leidtun.

Und vor zwei Wochen hat sie dem Franz erklärt: „Jetzt weiß ich, was mich wirklich interessiert. Mein Hobby sind ab jetzt Verbrechen. Ich werde Detektivin. Und du bist mein Helfer!"

Das war ja nun wirklich keine Neuigkeit für den Franz. „Was muss ich denn da tun?“, fragte er trotzdem.
„Zuerst lösen wir einen einfachen Fall“, sagte die Gabi. „Wir ertappen einen Dieb auf frischer Tat und kassieren dafür eine hohe Belohnung.“
Der Franz konnte sich nicht vorstellen, wo die Gabi einen Dieb auf frischer Tat ertappen wollte, aber er schwieg. Und dachte sich: Sie wird es mir schon noch erklären.

Ein einfacher Fall

Am nächsten Tag, auf dem Heimweg von der Schule, erklärte die Gabi dem Franz, wo man am besten einen Dieb auf frischer Tat ertappen kann.
„In Supermärkten und Kaufhäusern", sagte sie, „gibt es jede Menge Diebe, weil die Menschen wie die Raben stehlen."

Ganz einfach sei die Sache, meinte sie. Man muss bloß in ein Kaufhaus gehen und die Kunden unauffällig beobachten. Und steckt jemand etwas ein, hält man ihn fest und liefert ihn beim Chef vom Kaufhaus ab.

Mehr als „Aha!“ wusste der Franz darauf nicht zu sagen.
Gleich nach dem Mittagessen wollte die Gabi mit dem Franz ins große Kaufhaus auf der Hauptstraße gehen. Doch das erlaubte die Gabi-Mama nicht. „Zuerst werden die Hausaufgaben gemacht!“, verlangte sie.
Der Franz musste einen Aufsatz schreiben. Einen Aufsatz über einen schönen Sonntagsausflug. Mindestens eine Seite lang sollte er sein. Aber der Franz hatte schon ewig lange keinen Sonntagsausflug gemacht. Seine Mama und sein Papa wollen am Sonntag nicht wandern, sondern sich gemütlich ausruhen. Also musste der Franz sich einen Sonntagsausflug ausdenken und sich beim Ausdenken von der Gabi-Mama helfen lassen.
Und als der Franz mit dem Aufsatz-Ausdenken und -Aufschreiben fertig war, kontrollierte die Gabi-Mama die zwölf Rechnungen, die die Gabi blitzschnell in ihr Rechenheft geschmiert hatte. Leider waren sieben Rechnungen falsch!
Die Gabi-Mama riss die Seite mit den falschen Rechnungen aus dem Rechenheft, und die Gabi musste die ganze Aufgabe noch einmal schreiben.
Viertel nach vier war es schon, als die Gabi und der Franz ihre Schulsachen wegpacken und endlich losziehen konnten.

„Wir gehen shoppen!", sagte die Gabi zu ihrer Mama. „Ins Kaufhaus, unten auf der Hauptstraße."
„Habt ihr eure Sparschweine geschlachtet?", fragte die Gabi-Mama erstaunt.
„Wir kaufen nichts", sagte die Gabi. „Wir schauen nur!"
Und das war ja nun wirklich nicht gelogen.
Bei der Straßenkreuzung vor dem großen Kaufhaus sagte die Gabi: „Die beste Chance haben wir in der Kosmetik-Abteilung. Weil Lippenstifte und Lidschatten und so Zeug klein sind und leicht in den Handtaschen verschwinden können."
Mehr als „Aha!" murmelte der Franz wieder nicht.
Die Kosmetik-Abteilung vom Kaufhaus war im Erdgeschoss, gleich hinter dem Eingang. Die Gabi zog den

Franz an Creme-Töpfen und Lippenstiften, Nagellack und Lidschatten, Parfüm-Flakons und Badesalz vorbei zu einer dicken Säule.
„Hinter der gehen wir in Deckung", zischelte sie dem Franz zu.
Und dann standen sich der Franz und die Gabi eineinhalb Stunden lang die Beine in den Bauch. Der Franz linste auf einer Seite der Säule hervor, die Gabi auf der anderen.

Bis eine Lautsprecherstimme sagte, dass es achtzehn Uhr ist und das Kaufhaus in drei Minuten schließt.
„Detektive müssen eben viel Geduld haben", sagte die Gabi auf dem Heimweg zum Franz. „Morgen ertappen wir sicher jemanden auf frischer Tat!"
Der Franz dachte sich: Hoffentlich hat die Gabi bis morgen diesen langweiligen Detektiv-Quatsch vergessen und legt sich ein anderes Hobby zu!
Aber da hatte der Franz umsonst gehofft. Am nächsten Tag musste er wieder mit der Gabi ins Kaufhaus

marschieren. Und sich wieder hinter der Säule in der Kosmetik-Abteilung verstecken. Und die Gabi hatte auch alle paar Minuten jemanden in Verdacht. Bloß stellte sich der Verdacht jedes Mal als falsch heraus. Alle Leute, die der Gabi „sehr verdächtig" vorgekommen waren, gingen brav zur Kasse und bezahlten, was sie aus den Regalen genommen hatten.

Der Franz war noch am Abend stocksauer. So stocksauer, dass es seine Mama merkte. „War die Gabi wieder mal gemein zu dir?", fragte sie den Franz.
Der Franz schüttelte den Kopf und erzählte seiner Mama, was er an den letzten zwei Nachmittagen mit der Gabi gemacht hatte.
„So ein Unfug kann auch nur der Gabi einfallen!", schimpfte die Mama vom Franz. Sie wollte gleich zur Gabi-Mama rübergehen und ihr sagen, dass sie den Unfug abstellen soll. Doch der Franz bat sie, das nicht zu tun, wenn sie ihm das Leben nicht schwer machen will.
Und die Mama vom Franz sah das ein.
„Dann musst du der Gabi morgen aber selber sagen, dass du nicht mehr mit ihr Diebe fangen willst", verlangte sie. Der Franz versprach es.
Am nächsten Tag ging der Franz trotzdem wieder mit der Gabi ins Kaufhaus. Diesmal nicht in die Kosmetik-

Abteilung, sondern in die Handtaschen-Abteilung. Weil die Gabi behauptet hatte, Handtaschen wären noch leichter zu stehlen als Lippenstifte. Man geht einfach ohne Handtasche ins Kaufhaus und nimmt sich dort eine und geht raus. Und niemand merkt, dass das nicht die eigene Handtasche ist!

Eine dicke Säule, hinter der sie sich hätten verstecken können, gab es leider in der Handtaschen-Abteilung nicht. So gingen der Franz und die Gabi eben langsam hin und her und her und hin und linsten wie die Luchse nach diebischen Kundinnen aus. Aber jede Frau, die sich die Handtaschen ansah, hatte eine eigene Handtasche dabei, und alle Frauen, die sich eine Handtasche aus den Regalen nahmen, gingen mit ihr zur Kasse und bezahlten.

Auf dem Heimweg sagte die Gabi: „Wir haben uns die Sache falsch überlegt!"
„Wieso wir?", protestierte der Franz. Die Gabi überhörte es und fuhr fort: „Diebe stehlen wohl lieber sehr wertvolle Sachen. Morgen lauern wir in der Schmuck-Abteilung!"

Am Abend bemühte sich der Franz, nicht stocksauer dreinzuschauen. Und als ihn seine Mama fragte, was er am Nachmittag so gemacht hat, antwortete er: „Gar nichts, es war ein öde langweiliger Nachmittag." Und das war ja wohl die Wahrheit.
„Immer noch besser, als blöd im Kaufhaus rumzustehen", sagte seine Mama tröstend. Der Franz belügt seine Mama nicht gern. Aber den Mund halten, sagte er sich, kann ja keine Lüge sein.

Am vierten Nachmittag, als die Gabi und der Franz – diesmal wieder hinter einer dicken Säule – in der Schmuck-Abteilung lauerten, wurden sie plötzlich gepackt!

Ein kleiner, dünner Mann mit Schnurrbart stand hinter ihnen, die eine Hand am Hemdkragen vom Franz. „Mitkommen!“, knurrte der kleine, dünne, schnurrbärtige Mann und schob die Gabi und den Franz vor sich her in ein Zimmer, auf dessen Tür BÜRO stand. Er knallte die Tür zu, setzte sich hinter einen Schreibtisch und wackelte drohend mit dem Zeigefinger.

„Seit Tagen beobachte ich euch!“, sagte er. „Zu klauen habt ihr euch bis jetzt ja noch nicht getraut! Und damit ihr es nicht doch noch versucht, erteile ich euch Hausverbot! Lasst euch hier nie mehr blicken!“

„Aber wir … wir … wir … wollten doch nur …“

Die Stimme der Gabi war so piepsig

wie die Stimme vom Franz, wenn er furchtbar aufgeregt ist.
Und der Franz brachte vor Schreck überhaupt keinen Ton raus.
„Seid froh, dass ich weder eure Eltern noch eure Schule verständige!“, sagte der schnurrbärtige Mann. „Und jetzt raus mit euch, und lasst euch das eine Lehre sein! Ein Kaufhaus-Detektiv sieht nämlich alles!“
Der Franz und die Gabi stolperten zur Tür raus. Das Gesicht vom Franz war so weiß wie frisch gefallener Schnee, das Gesicht der Gabi war so rot wie Erdbeersoße.
Die Gabi packte den Franz an der Hand und raste mit ihm die Treppen runter, als ob der Teufel hinter ihnen her wäre.

Erst an der Kreuzung vor dem Kaufhaus blieb sie stehen und keuchte: „Der hat uns für Diebe gehalten!"
Der Franz gab ihr keine Antwort. Er brachte noch immer keinen Pieps raus. Stumm wie ein Karpfen zockelte er neben der Gabi heim.
Und schwor sich, dass er keinem Menschen, nicht einmal seiner Mama, auch nur ein Sterbenswort von diesem schrecklichen Nachmittag erzählen würde. Ganz schnell vergessen wollte er die fürchterlichen Minuten im Büro vom Kaufhaus-Detektiv.
Aber einen winzigen Trost hatte er wenigstens. Er dachte sich: Jetzt ist der Gabi das Detektiv-Spielen aber endgültig vermiest worden!

Der neue Mieter

Ein paar Tage sah es wirklich danach aus, als habe die Gabi genug vom Detektiv-Hobby. Sie ging mit dem Franz in den Mozart-Park Fußball spielen, sie fädelte Perlenketten auf, schaute mit dem Franz fern, spielte mit ihm Karten und übte Räder schlagen.

Doch dann, am Wochenende, am Sonntag zu Mittag, klingelte die Gabi an der Wohnungstür vom Franz. Das tut sie sonst nie.

„Ist was?“, fragte der Franz, als er ihr die Tür aufmachte.
„Ich habe etwas Ungeheuerliches entdeckt!“, zischelte die Gabi. „Das muss ich dir sofort erzählen! Aber geheim!“
„Ich bin gerade mit der Mama beim Schnitzelpanieren“, sagte der Franz ablehnend. Ihm schwante, dass da Unangenehmes auf ihn zukommen könnte.

Die Gabi lief zur Küchentür und säuselte: „Darf ich dir den Franz für ein Minütchen entführen?"
„Aber sicher. Können auch zwei Minütchen sein!", sagte die Mama vom Franz.
Es dauerte zehn Minuten, bis der Franz wieder in die Küche kam. Zehn Minuten, die es in sich gehabt hatten! Denn die Gabi hatte ihm erklärt, dass der Mann, der vor ein paar Tagen in die Wohnung im Erdgeschoss eingezogen war, ein Bankräuber ist!
Die Bankfiliale an der Ecke Hasengasse – Fuchsgasse, gegenüber vom Mozart-Park, hat er am Freitag überfallen und den armen Bank-Angestellten mit einer Pistole bedroht!
In den Mittags-Nachrichten im Fernsehen war das Video der Überwachungskamera der Bankfiliale zu sehen gewesen, und da hatte die Gabi eindeutig den neuen Mieter erkannt. Der Mann hatte zwar eine Strumpfmaske über dem Kopf gehabt, aber die Gabi hatte ihn trotzdem erkannt. Exakt so einen Gang wie der neue Mieter hatte er gehabt.

Und genau so eine Jacke! Und so einen krummen

Rücken! Und die Tasche, in die er das Geld gestopft hatte, ist ganz sicher die Reisetasche vom neuen Mieter gewesen. Am Tag, an dem er eingezogen ist, hat diese Tasche stundenlang, zwischen großen Kartons, vor seiner Wohnung gestanden!

„Klar wie Würfelsuppe, dass er der Schurke ist!“, hatte die Gabi gesagt.
„Wie viel hat er denn erbeutet?“, hatte der Franz gefragt.
„Irrsinnig viel! Die ganze Tasche voll!“, hatte die Gabi behauptet.
„Und rufst du jetzt die Polizei an?“, hatte der Franz gefragt.
„Spinnst du?“ Die Gabi hatte sich selbst an die Stirn getippt. „Den überführen wir selbst! Und kassieren eine tolle Belohnung!“
Und dann hatte ihm die Gabi erklärt, dass der Schurke

aus dem Erdgeschoss garantiert das viele Geld noch in der Wohnung hat.
Und dass sie sich überlegen müssen, wie sie in die Wohnung reinkommen, um nach dem Geld zu suchen.
Da hatte sich der Franz ein Herz gefasst und mit piepsiger Stimme gesagt: „Ohne mich! Verbrechen sind echt nicht mein Hobby, da mache ich nicht mit!"
„Na schön!" Die Gabi hatte den Franz wütend angefunkelt. „Mache ich es eben mit dem Eberhard, wenn du zu feige bist!"
Dann war sie aus der Wohnung marschiert und hatte die Tür hinter sich zugeknallt. So laut, dass der Mama vom Franz vor Schreck die Gabel samt dem mehligen Schnitzel aus der Hand gefallen ist.

„Was hat denn die Gabi gewollt?", fragte die Mama, als der Franz wieder in die Küche kam.
„Sie wollte mich erpressen!", sagte der Franz. „Aber mit untauglichen Mitteln!"
Der Franz war sich sicher, dass die Gabi nie im Leben etwas gemeinsam mit dem Eberhard unternehmen würde. Die zwei können einander nämlich nicht leiden. Der Eberhard hält die Gabi für eine herrschsüchtige Schnepfe, und die Gabi hält den Eberhard für einen dumpfen Langweiler.

Am Montag, auf dem Weg zur Schule, fragte die Gabi den Franz: „Also, was ist jetzt mit dir?"
Der Franz tat, als hätte er keine Ahnung, wovon die Gabi redet.
„Stell dich bloß nicht blöd!", fauchte die Gabi. „Der Eberhard ist jedenfalls Feuer und Flamme, ich hab gestern mit ihm telefoniert!"
Der Franz dachte: Sie lügt! Nie im Leben hat sie das! Aber als er in die Klasse kam, merkte er, dass die Gabi doch nicht gelogen hatte. Der Eberhard grinste ihm von einem Segelohr bis zum anderen entgegen.
„Ich bin schon ganz aufgeregt", sagte er, als sich der Franz neben ihn setzte. „Die halbe Nacht habe ich mir

überlegt, wie wir in die Wohnung von diesem Schurken reinkommen können! Mir ist aber leider nichts Brauchbares eingefallen!"

Da gab sich der Franz geschlagen. Außerdem hätte er ohnehin nichts mehr dagegen sagen können, denn der Zickzack kam in die Klasse marschiert, klatschte in die Hände und rief: „Hinsetzen! Mund zu! Ohren auf!"

Der Zickzack ist der Herr Lehrer vom Franz. Eigentlich heißt er Swoboda. Aber weil er immer so komisch kurz, irgendwie „zickzack" redet, hat ihm der Franz den Spitznamen verpasst.

Der Franz denkt sich einen Grund aus

Nach der Schule rief der Eberhard seine Mutter an und sagte ihr, dass er heute zum Essen nicht heimkommt. Weil er zur Gabi und zum Franz geht. Wegen einer todwichtigen Angelegenheit. Und die Gabi fragte den Franz auf dem Heimweg nicht mal, ob er nun doch zum Mitmachen bereit ist. Sie kennt den Franz eben besser als er sich selber.

Die Gabi-Mama hatte eine riesige Pfanne Schinken-Nudeln gebacken.
Die Hälfte davon hatte sie für nächste Woche einfrieren wollen. Aber der Eberhard futterte die ganze Pfanne leer, und die Gabi-Mama flüsterte der Gabi zu, dass der Eberhard ein sehr nettes Kind ist. Kinder, die mögen, was sie gekocht hat, mag sie unheimlich gern.
Beim Tischabräumen fragte die Gabi ihre Mama:
„Kennst du den Mann, der jetzt in der kleinen Wohnung neben der Hausmeisterin wohnt?“

Die Gabi-Mama schüttelte den Kopf. Bloß einmal habe sie den Mann in seine Wohnung reinhuschen gesehen, sagte sie. Und die anderen Leute im Haus kennen ihn auch noch nicht. Er dürfte nicht sehr gesellig sein! Die Gabi nickte dem Franz und dem Eberhard zu, und das sollte heißen: Na klar! Der Schurke will unerkannt bleiben.
Dann erledigten die drei noch schnell ihre Hausaufgaben und ließen sie von der Gabi-Mama auf Fehler durchsehen.
Die Gabi-Mama besserte dem Eberhard drei Rechtschreibfehler aus, der Gabi machte sie vier vergessene Kommas in die Sätze, und den Franz lobte sie, weil er alle zehn Sätze fehlerfrei geschrieben hatte.
„Und jetzt", sagte die Gabi nachher zu ihrer Mama, „ziehen wir uns in mein Zimmer zurück und wollen nicht gestört werden!"

Quer durch das Zimmer der Gabi hängt seit ihrem Geburtstag eine tolle Hängematte. Die Gabi ließ sich in die Hängematte plumpsen, der Franz und der Eberhard setzten sich rechts und links von ihr in die Matte.
„Also", sagte die Gabi, „ich habe mir einen echt perfekten Plan ausgedacht!"
Und dann erklärte sie den beiden ihren Plan, und

der ging so: Im Vorzimmer der Hausmeisterin ist ein großes Schlüsselbrett, auf dem hängen die Reserve-Schlüssel für alle Wohnungen im Haus.

Der Franz und die Gabi besuchen die Hausmeisterin, und während der Franz mit ihr ein bisschen plaudert, nimmt die Gabi den Reserve-Schlüssel von der Schurken-Wohnung und steckt ihn ein.

Und dann müssen sie bloß noch warten, bis der Schurke seine Wohnung verlässt, und können mit dem Reserve-Schlüssel in die Wohnung hinein und nach dem Geld suchen!

„Toll!“, rief der Eberhard voll Bewunderung.

Der Franz fand den Plan überhaupt nicht toll.

Der Hausmeisterin einen Schlüssel stehlen. Damit eine fremde Wohnung aufsperren. Reingehen und alles durchsuchen. Das war doch ein glatter Einbruch!

Und das sagte der Franz der Gabi und dem Eberhard. Aber die beiden wollten es einfach nicht einsehen.

„Sei nicht immer so kleinkariert!“, rief die Gabi.

„Wenn man einen Schurken schnappen will, ist es erlaubt, etwas zu tun, was normalerweise verboten ist.“

Und der Eberhard stimmte ihr zu. „Weil der Zweck nämlich die Mittel heiligt!", rief er.
So versuchte es der Franz ganz anders.
„Wir können doch nicht einfach, so ganz ohne Grund, unsere Hausmeisterin besuchen! Das haben wir noch nie getan."
„Na und? Einmal ist immer das erste Mal!" Die Gabi verdrehte ungeduldig die Augen.

„Und ich habe mit der Hausmeisterin noch nie geplaudert!" Jetzt war die Stimme vom Franz schon ein bisschen piepsig.
„Dann plaudere eben ich, und du nimmst den Schlüssel!", rief die Gabi ungeduldig.
„Nein!", piepste der Franz. „Ich klaue nicht, das … das … tue ich … nicht!"
„Piep, piep, piep", äffte die Gabi wütend den Franz nach.

Das hätte sie besser nicht machen sollen, denn der Eberhard lässt es nicht zu, dass jemand seinen Freund verspottet.
Bitterböse schaute er die Gabi an und sagte drohend: „Lass den Franz in Ruhe, falls du nicht gleich allein hier sitzen willst!"
Verblüfft starrte die Gabi den Eberhard an. Dass jemand so mit ihr redete, war sie nicht gewohnt.

Der Franz dachte unglücklich: Gleich streiten die zwei auch noch wegen mir!
Aber die Gabi murmelte bloß: „War ja nicht böse gemeint!"
Und dann sagte sie, dass sie es auch allein schaffen würde, mit der Hausmeisterin zu plaudern und beim Rausgehen den Schlüssel zu nehmen. Weil die Hausmeisterin kurzsichtig ist und ihre Brille nur zum Lesen aufsetzt.

„Okay“, murmelte der Eberhard und kratzte sich am Kopf. Das tut er immer, wenn er sehr angestrengt nachdenkt.
Als er mit dem Nachdenken fertig war, fragte er: „Und woher wissen wir, wann er weggeht? Und wie lange er wegbleibt? Wenn er nur zum Bäcker geht und zurückkommt und wir sind noch da und suchen die Beute, dann gnade uns Gott!“
„Das ist leider der Haken an der Sache“, seufzte die Gabi und benagte ihre Unterlippe.
Das tut sie immer, wenn sie sehr angestrengt nachdenkt.
Der Franz räusperte sich. Räuspern hilft meistens gegen die Piepsstimme. Nachdem er das Piepsen weggeräuspert hatte, sagte er: „Außerdem geht er vielleicht nur am Vormittag weg, und da sind wir in der Schule. Oder er geht nur in der Nacht aus dem Haus. Und da sind wir im Bett.“
„Stimmt!“, gab ihm der Eberhard recht.
Dann hockten sie schweigend nebeneinander. Der

Eberhard kratzte sich am Kopf, die Gabi knabberte an ihrer Unterlippe. Und der Franz dachte: Am klügsten wäre es, alles meiner Mama oder der Gabi-Mama zu erzählen. Die würden schon wissen, was da zu tun ist! Aber das laut zu sagen, traute er sich nicht. So hockten die drei in der Hängematte, bis die Gabi-Mama an die Zimmertür klopfte und sagte, dass sie schnell in den Supermarkt und in die Drogerie laufen wollte. Schließlich rief die Gabi grantig: „Ihr zwei beide wisst auch immer nur, warum alles überhaupt nicht geht!"
„Ich hätte schon eine Idee", sagte der Eberhard zögernd.
„Und zwar?" Die Gabi schaute den Eberhard erstaunt an. Dass der dumpfe Langweiler eine brauchbare Idee haben könnte, glaubte sie nicht.
„Wir gehen einfach zu ihm, wenn er daheim ist", schlug der Eberhard vor. „Auf Besuch, sozusagen. Und schauen uns um. Nach dem Geld, nach der Strumpfmaske, nach dem Revolver, nach der Tasche. Wenn die Wohnung so winzig ist, wie ihr gesagt

habt, entdecken wir vielleicht zufällig etwas."
„Und wenn er unseren Besuch nicht will?", fragte der Franz. „Wenn er uns die Tür gar nicht aufmacht?"

„Wenn, wenn, wenn!“, keifte die Gabi. „Probieren können wir es ja. Oder hast du auch dagegen etwas?“
Der Franz schüttelte den Kopf. Jemanden besuchen, sagte er sich, kann sicher nichts Unrechtes sein.
„Okay, dann gehen wir ihn jetzt besuchen!“
Die Gabi sprang aus der Hängematte.
„Jetzt gleich?“ Dem Franz ging das ein bisschen zu schnell.
„Worauf willst denn warten?“ Der Eberhard rappelte sich auch aus der Hängematte raus.
Der Franz blieb sitzen. „Darauf, dass mir ein guter Grund für unseren Besuch einfällt. Einer, wo er uns in die Wohnung reinlassen muss.“
Der Eberhard und die Gabi standen vor dem Franz und warteten, dass ihm ein guter Grund einfällt. Die Gabi trat ungeduldig von einem Fuß auf den anderen. Der Eberhard seufzte leise vor sich hin.
Endlich sagte der Franz: „Wir schwindeln ihm vor, dass wir vor die Tür gegangen sind und die Tür zugefallen ist, und jetzt können wir nicht mehr in die Wohnung rein und möchten bei ihm warten, bis die Gabi-Mama vom Einkaufen zurück ist.“
„Super!“, rief die Gabi begeistert.
„Einsame Spitze!“, rief der Eberhard, nicht minder begeistert.
Und der Franz war schrecklich stolz über das doppelte Lob.

Die große Aktion

Kaum eine Minute später liefen die Gabi, der Franz und der Eberhard die Treppe runter. Den Wohnungsschlüssel hatte die Gabi natürlich in einer Jeanstasche. Die Gabi klingelte an der Tür vom neuen Mieter. Zuerst dreimal kurz, dann einmal lang. Sehr lang.
„Er ist nicht daheim", flüsterte der Franz.
„Oder er ist drin und glaubt, dass die Polizei schon hinter ihm her ist", flüsterte der Eberhard.
Doch da ging die Tür einen Spalt weit auf, der Schurke steckte seine große Nase zum Spalt raus und fragte: „Ja, bitte?"

Der Franz stupste die Gabi in die Rippen, und die Gabi sprudelte los: „Bitte, wir sind vor die Tür gegangen, und die Tür ist zugefallen, und jetzt können wir nicht mehr rein, und auf dem Gang draußen ist es so kalt. Dürfen wir bei Ihnen warten, bis meine Mama vom Einkaufen heimkommt?"

Sehr, sehr zögernd öffnete der Schurke die Wohnungstür und sagte: „Na, dann kommt rein, ihr drei!"

Die Wohnung war wirklich winzig. So eine kleine Wohnung hatte der Franz noch nie gesehen. Hinter der Wohnungstür war nur ein Zimmer, und in dem gab es noch eine offene Tür, hinter der ein Mini-Duschbad mit einer WC-Muschel war.

Im Zimmer war kein einziges Möbelstück. Bloß jede Menge Umzugskartons standen auf dem Fußboden. Die meisten kreuz und quer mit Klebeband verschlossen, ein paar geöffnet. Zwischen den Kartons lag eine aufgeblasene Luftmatratze, drauf ein kleines Kissen und eine Wolldecke. In einer Zimmerecke stand eine Reisetasche mit offenem Reißverschluss. Und auf einem der kreuz und quer verklebten Kartons waren eine Kochplatte mit einem Wasserkessel drauf, eine Tasse und eine Blechdose. Aus dem Wasserkessel stieg Dampf auf.

„Setzt euch halt da drauf!" Der Mann deutete auf die verklebten Kartons. „Die Möbel liefert der Tischler erst morgen."

Der Franz und der Eberhard hockten sich nebeneinander auf den Karton, der neben der Reisetasche stand. Die Reisetasche war randvoll mit Schmutzwäsche. Enttäuscht schauten der Franz und der Eberhard auf ein Durcheinander aus Socken und T-Shirts und Unterhosen.
Die Gabi lehnte sich an die Wand neben der Tür zum Mini-Duschbad. Weil dort die geöffneten Kartons rumstanden. Neugierig linste sie in die Kartons rein und sah nichts als Bettwäsche und Herrenhemden, Handtücher, Bücher, Pullis und ein paar Kochtöpfe.

Der Franz flüsterte dem Eberhard ins Ohr: „Vielleicht im Bad?“
Der Eberhard nickte und stand auf. „Darf ich mir bei Ihnen die Hände waschen?“, fragte er den Schurken. „Nur zu!“ Der Schurke zeigte auf die offene Tür. Der Eberhard ging ins Mini-Duschbad rein, und der Franz bekam rasantes Herzklopfen. Er dachte: Wenn das viele Geld und die Strumpfmaske und die Pistole da drinnen versteckt sind und der Schurke merkt, dass der Eberhard die Sachen gefunden hat, was tut er dann? Murkst er uns vielleicht ab? Oder fesselt er uns?

Der Schurke holte einen Teebeutel aus der Blechdose, legte ihn in die Tasse, goss aus dem Kessel Wasser drauf und schaltete die Kochplatte ab.

„Ich kann euch nicht einmal eine Tasse Tee anbieten“, sagte er. „Ich habe nämlich keine Ahnung, in welchem von den Kartons meine Tassen und Teller sind.“
„Wir haben eh keinen Durst“, piepste der Franz.
„Und die Zuckerdose finde ich auch nicht“, sagte der Schurke. „Dabei kann ich bitteren Tee nicht ausstehen!“
„Vielleicht ist sie hier irgendwo drin?“ Die Gabi zeigte auf die offenen Kartons. „Soll ich sie suchen? Ich bin unheimlich gut im Finden!“

„Nur zu!“ Der Schurke lachte. „Kriegst ein Stück Zucker als Finderlohn.“
Der Eberhard kam mit tropfnassen Händen aus dem Mini-Duschbad und zischelte dem Franz zu: „Da drin ist nichts, nicht mal ein sauberes Handtuch.“
Die Gabi hatte gerade einen halben Karton leer geräumt, da klingelte es an der Tür.

Der Schurke rief: „Ist offen!“, und die Hausmeisterin steckte den Kopf zur Tür rein und sagte: „Herr Kommissar, ich hätte grad ein Gulasch mit Nudeln fertig, mögen Sie zu mir rüber essen kommen?“
Dann sah sie den Franz und die Gabi und fragte: „Na, ihr zwei? Helft ihr dem Herrn Kriminalkommissar beim Auspacken?“

Die Gabi bekam kugelrunde Staunaugen, der Eberhard riss den Mund so weit auf, als säße er beim Zahnarzt, und das Herz vom Franz beruhigte sich und klopfte wieder normal.
Sehr erleichtert und ganz ohne Pieps in der Stimme sagte der Franz: „Ich glaube, die Mama der Gabi ist jetzt schon wieder daheim!"
Dann sagte er zum neuen Mieter noch „Danke für die Unterkunft" und drängte sich flugs, an der Hausmeisterin vorbei, zur Tür raus. Und die Gabi und der Eberhard flitzten hinter ihm her.
Der Eberhard war stocksauer. Bitterböse schnauzte er die Gabi draußen auf dem Flur an: „Du bist und bleibst eine Schnepfe! Hältst einen Polizisten für einen

Bankräuber!“ So stocksauer war er, dass er nicht mehr zur Gabi raufkam, sondern heimging.
Als sie die Treppe hochstiegen, sagte der Franz zur Gabi: „Such dir besser ein anderes Hobby. Eins, zu dem du etwas mehr Talent hast.“
Die Gabi war so zerknirscht, dass sie bloß nickte.
Ein paar Tage später stand in der Zeitung, dass der Bankräuber, der die Bankfiliale an der Ecke Hasengasse – Fuchsgasse überfallen hatte, verhaftet worden ist. Ein aufmerksamer Nachbar hatte ihn auf dem Überwachungs-Video erkannt.

„Na, da siehst du es!“, sagte die Gabi zum Franz. „Mein Verdacht ist doch goldrichtig gewesen. Es war der Nachbar! Nur eben nicht unserer!“
Und der Franz meinte kichernd: „Ja, ja, du Meisterdetektivin! Wir wohnen bloß im falschen Haus.“

Krankengeschichten vom Franz

Zwei neue Franz-Probleme

Wer vom Franz noch nichts weiß, dem muss man zuerst allerhand erklären:
1. Der Franz ist acht Jahre und sechs Monate alt. Sein großer Bruder heißt Josef, und seine Mama und sein Papa sind sehr lieb.
2. Obwohl der Franz im letzten halben Jahr um eine Handbreit gewachsen ist, ist er das kleinste Kind in der Klasse.
Aber nun ist der Unterschied zwischen ihm und dem zweitkleinsten Kind nicht mehr sehr groß.
3. Wenn sich der Franz aufregt, wird seine Stimme so piepsig, als gehöre sie einem heiseren Wellensittich.
4. Manche Leute halten den Franz für ein Mädchen. Wegen seiner blonden Locken, seiner Veilchenaugen und seinem Kirschenmund.
Doch so oft wie früher passiert das nicht mehr. Die Nase vom Franz wächst nämlich enorm. Und eine große Nase, sagt der Papa, macht ein Gesicht männlich!

5. Neben dem Franz wohnt die Gabi. Die ist so alt wie der Franz. Und sie ist seine Freundin. Leider geht sie nicht mit ihm in dieselbe Klasse. Der Franz geht in die 2 b, die Gabi geht in die 2 a.
Früher hatte der Franz drei große Probleme: die Winzigkeit, das Mädchengesicht und die Piepsstimme. Seit nicht nur die Nase, sondern der ganze Franz tüchtig wächst, ist er zwei von den drei Problemen fast los. Dafür hat er zwei neue dazubekommen. Das eine ist die Frau Leidenfrost. Die kommt seit ein paar Monaten jeden Vormittag, macht Essen, räumt auf, ist unfreundlich und geht erst weg, wenn die Mama von der Arbeit heimkommt.

„Unser Hausdrachen“, nennt der Josef die Frau Leidenfrost. Die Leidenfrost nennt sich selber: „Halbtags-Haushälterin“.

Das zweite neue Problem vom Franz sind die Krankheiten. Die kommen in letzter Zeit immer zur falschen Zeit! Oft wünscht sich der Franz, krank zu sein. Meistens dann, wenn er nicht in die Schule gehen mag. Doch dieser Wunsch geht nie in Erfüllung. Pumperlgesund bleibt der Franz, wenn er krank sein will. Krank wird er nur, wenn es ihm gar nicht in den Kram passt. Wenn gerade der Zirkus in der Stadt ist oder die Gabi Geburtstag hat.

Der Franz findet das ungerecht und gemein!

Der gepfefferte Schnupfen

Einmal, an einem Montag, rief die Oma aus dem Altersheim an. Sie sagte: „Ich habe Grippe. Kommt nicht zu Besuch, sonst steckt ihr euch an!"
Am Dienstag konnte der Josef keinen Bissen vom Mittagessen schlucken. „Ich komm um vor Halsweh, ich bin krank", krächzte er und legte sich ins Bett.
Am Mittwoch, als der Franz von der Schule kam, krächzte der Josef: „Ich hab die Leidenfrost mit der Grippe angesteckt. Den Hausdrachen sind wir für eine Woche los!"
Am Donnerstag blieb der Papa im Bett. Die Mama machte ihm einen Wickel, bevor sie ins Büro ging.
„Hast du auch die Grippe?", fragte der Franz.
Der Papa klapperte bloß mit den Zähnen.
Das tun alle Leute, denen man ein nasses, kaltes Leinentuch um den heißen Bauch wickelt.
Am Freitag kam die Mama vom Büro heim, wankte zu ihrem Bett und murmelte:

„Ich muss ein bisschen schlafen!“ Aber vor lauter Husten konnte sie dann doch nicht einschlafen.
Da dachte der Franz: Am Montag die Oma, am Dienstag der Josef, am Mittwoch der Hausdrachen, am Donnerstag der Papa, am Freitag die Mama – also bin ich am Samstag dran! Ganz sicher war der Franz, dass er morgen Grippe hatte. Und das freute ihn.
Weil Grippe nicht an einem Tag vorübergeht. Die dauert ein paar Tage. Der Franz fand es gut, ein paar Tage nicht in der Schule zu sein. Der Franz fand es sogar ganz unmöglich, die nächsten paar Tage in der Schule zu sein. Auf dem Heimweg von der Schule hatte er nämlich der Evi einen Zopf abgeschnitten.

Fünfzig Zentimeter dünnen, braunen Zopf, mit roter Schleife daran.

Das war so passiert: Er war mit der Evi, der Gabi und dem Xandi heimgegangen. Und die Evi hatte zu ihm „dummer Zwerg“ gesagt.
Er hatte der Evi einen Schubser gegeben.
Dabei war der Evi das Handarbeitsköfferchen aus der Hand gerutscht und aufgesprungen. Und die Schere war herausgefallen. Der Franz hatte die Schere aufgehoben.
„Ritsch, ratsch, jetzt schneide ich dir einen Zopf ab“,

hatte er gesagt und mit der Schere vor dem Zopf herumgeschnipselt.
„Das traust du dich nicht!“, hatte die Evi gesagt.
„Das trau ich mich doch!“, hatte der Franz gesagt.
Aber er hatte es nicht ernst gemeint. Doch auf einmal war der Zopf in der Schere drinnen, und der Franz hatte zugedrückt. Warum er das getan hatte, konnte er sich nachher selber nicht erklären. Und wenn der dumme Zopf nicht gar so ein dünnes Rattenschwänzchen gewesen wäre, wäre er von einmal ein bisschen zudrücken bestimmt nicht gleich ritsch, ratsch ab gewesen!

Die Evi hatte den Zopf vom Boden aufgehoben und geschrien:

„Wart nur! Am Montag kommt meine Mama in die Schule! Und sagt alles der Frau Direktor! Da kannst du was erleben!“

Dann war sie schluchzend weggelaufen.

Kein Wunder also, dass sich der Franz auf die Grippe freute! Den ganzen Samstag wartete er auf sie.

Am Sonntag, zu Mittag, war sie immer noch nicht da. Der Franz dachte: Jetzt wird es aber langsam Zeit! Er zog sich aus und legte sich ins Bett.

„Ich krieg die Grippe“, rief er so laut, dass es die Mama, der Papa und der Josef in ihren Betten hören konnten.

Alle drei kamen gelaufen. Der Josef mit Wollschal um den Hals, die Mama mit Öltuch auf der Brust, der Papa mit Essigpatschen an den Füßen.

Der Papa schob dem Franz den Fiebermesser unter die Achsel. Nach fünf Minuten zog er ihn heraus und sagte: „Sechsunddreißig sechs – normale Temperatur!"
Die Mama legte ein Ohr an die Brust vom Franz und sagte: „Da raschelt nichts. Normaler Atem!"
Der Josef schaute dem Franz in den Hals und sagte: „Überhaupt nicht rot. Normaler Schlund!"
Dann niesten alle drei und sagten: „Nicht einmal Schnupfen hast du!", und gingen in ihre Betten zurück.
Der Franz schlich in die Küche, nahm den Pfefferstreuer und schüttete den ganzen Pfeffer auf sein Taschentuch. Dann schlich er ins Bett zurück und hielt sich das Taschentuch unter die Nase. Einen schrecklichen Niesanfall bekam er. Und als der endlich nachließ, hielt er sich wieder das Taschentuch unter die Nase.

Bis zum Abend stand er das gepfefferte Niesen durch. Bis die Mama zu ihm kam und sagte:
„Armer Franz, hast du doch die Grippe. Morgen kannst du nicht in die Schule gehen!"
Erst dann warf der Franz das gepfefferte Taschentuch unter das Bett.
Aber seine Nase war vom vielen Niesen so wund und gereizt, dass er die ganze Nacht weiterniesen musste. Und seine Augen waren brandrot. Und im Hals und in den Ohren juckte es ihn sehr.
Noch matter und müder als der Papa, die Mama und der Josef war der Franz am Morgen. Zufrieden war er trotzdem. Er dachte: Hauptsache, ich muss wegen dem blöden Zopf nicht zur Frau Direktor. Und endlich bin ich einmal zur richtigen Zeit krank!
Mittags kam dann die Gabi. Bei der Zimmertür vom Franz blieb sie stehen. Wegen der Ansteckungsgefahr. Sie sagte: „Jammerschade, dass du nicht in der Schule warst. Die Frau Direktor hat Grippe, dein Lehrer hat Grippe, fast alle Kinder haben Grippe! Die gesunden Kinder aus deiner Klasse waren heute in meiner Klasse. Wir haben nicht gelernt. Wir haben gesungen und gespielt und erzählt. Du hättest die ganze Zeit neben mir sitzen können!"
„Und die Evi?", fragte der Franz.
Die Gabi sagte: „Die ist gesund und hat jetzt Ringel-

locken aus Dauerwellen. Damit ist sie viel hübscher. Alle Kinder haben sie bewundert.
Und sie ist gar nicht mehr böse auf dich. Denn ohne dich wäre sie nie zu so einer schönen Frisur gekommen!"
Da schlug der Franz wütend mit den Fäusten auf die Bettdecke. So eine Gemeinheit, so eine Ungerechtigkeit!, wollte er schreien. Aber vor lauter Aufregung hatte er wieder einmal seine Piepsstimme.
Die Gabi verstand kein Wort. „Was ist los?", fragte sie.
Der Franz zog sich die Bettdecke über den Kopf, drehte sich zur Wand und tat sich leid.

Ganz umsonst hatte er sich halb totgeniest!
Er hatte bloß einen wunderbaren Vormittag neben der Gabi versäumt!
Trotz Ansteckungsgefahr ging die Gabi zum Franz und zupfte an der Bettdecke. „Was hast du denn?", fragte sie. „Nur Gemeinheit und Ungerechtigkeit hab ich", piepste es aus der Decke.
„Bei dem hat sich die Grippe aufs Hirn geschlagen", murmelte die Gabi und ging heim.

Die Liebe auf dem Gips

Einmal kam der Franz von der Schule und sagte zur Leidenfrost: „Morgen ist Wandertag. Wo ist denn mein Rucksack?“
„Keine Ahnung“, sagte die Leidenfrost. Der Franz suchte die ganze Wohnung ab. Er fand den Rucksack nicht.
„Nimm meinen“, sagte der Josef.
„Der ist zu riesig“, sagte der Franz. „Der hängt mir bis in die Kniekehlen!“
„Für einen Zwerg ist fast alles riesig“, kicherte der Josef.
Der Franz rief die Mama an. Die sagte: „Dein Rucksack ist im Keller, im Strohkoffer!“
„Was lang im Keller liegt, das modert“, sagte die Leidenfrost. „Hol den Rucksack rauf! Ich häng ihn ans Fenster, zum Lüften!“
Der Franz war noch nie allein im Keller gewesen. Vor dem Keller hatte er Angst. Erstens überhaupt und zweitens, weil Ratten im Keller wohnten.
Aber der Franz redete nicht gern über die Angst. Deshalb sagte er zur Leidenfrost: „Bitte holen doch Sie ihn rauf!“

„Ich bin ja nicht deine Kammerzofe", keifte die Leidenfrost.
Der Franz bat den Josef.
Der lachte. „Hast du Schiss vor dem Keller?", fragte er.
„Überhaupt nicht!", piepste der Franz. Er dachte: Ich warte, bis die Mama kommt! Mit der Mama konnte er gut über die Angst reden.
Aber die Leidenfrost keifte: „Na, so hol ihn schon!"
Und der Josef lehnte in seiner Zimmertür und grinste hämisch.
Da griff der Franz nach dem Kellerschlüssel.
„Nimm die Taschenlampe mit", sagte die Leidenfrost.
„Das Kellerlicht geht nicht!"
„Die Ratten haben das Kabel durchgebissen", sagte der Josef und lachte.
Der Franz steckte die Taschenlampe in den Hosenbund. Er hatte Herzklopfen, und seine Knie schlotterten, als er die Treppe zur Kellertür hinunterging.
Mit Zitterfingern drehte er den Schlüssel im Schloss.
Knarrend schwang die Tür auf. Der Franz schaute in ein großes, rabenschwarzes Loch. Er zog die Taschenlampe aus dem Hosenbund und knipste sie an. Tapfer stieg er eine Stufe – und noch eine Stufe – und noch eine Stufe – in das rabenschwarze Loch hinein. Zwei Stufen schaffte er noch, dann hörte er ein Geräusch.
Er dachte: Das muss eine Ratte sein.

Vor Schreck ließ er die Taschenlampe fallen. Sie rollte die Treppe hinunter und erlosch. Der arme Franz stand nun im Stockdunkeln. Nichts wie raus, dachte er. Er machte kehrt und stolperte die Stufen hoch. Er rutschte aus und fiel hin. Er rappelte sich wieder hoch, schlug einen Purzelbaum rückwärts und landete unten am Treppenende.

Er wollte aufstehen, doch da spielte sein linker Knöchel nicht mit! Der tat bei der kleinsten Bewegung höllisch weh. Aber die Angst brachte den Franz trotzdem die Treppe hoch! Auf allen vieren! Dabei rief er um Hilfe. Doch weil er wieder die Piepsstimme hatte, hörte das niemand.

Verdreckt und verheult war der Franz, als er endlich aus dem Keller draußen war. Erschöpft hockte er vor der Kellertür. Sein linkes Bein war seltsam weggestreckt. So fand ihn der Hausmeister.

Der merkte gleich, dass mit dem linken Fuß etwas nicht stimmte. „Der Franz ist verunglückt!", brüllte er zum ersten Stock hinauf.

Der Josef und die Leidenfrost kamen angesaust.
„O-Gott-o-Gott", rief die Leidenfrost. „Was hat er denn jetzt schon wieder?"
„Tut's sehr weh?", fragte der Josef.
„Garantiert gebrochen", sagte der Hausmeister.
Aber der Höllenschmerz im Knöchel vom Franz hatte schon nachgelassen. Wenn der Franz den Fuß nicht bewegte, tat er ihm fast nicht weh.
„Die Mami soll kommen", sagte der Franz.
Die Leidenfrost lief in die Hausmeisterwohnung. Der Franz hörte sie telefonieren. Er dachte: Sie ruft die Mama an!
„Kannst du auf einem Bein hüpfen?", fragte der Josef.
Der Franz nickte.
Aber der Hausmeister ließ das nicht zu. „Sitzen bleiben", kommandierte er. „Nicht bewegen!"
Dann kam die Leidenfrost aus der Hausmeisterwohnung und rief: „Die Rettung kommt gleich!"
Der Franz dachte, dass sie mit der Rettung die Mama gemeint hatte. Die Mama war ja immer die letzte Rettung für den Franz, wenn er Hilfe brauchte. Zehn Minuten später merkte der Franz, dass der Hausdrachen nicht die Mama gemeint hatte. Zwei Rettungsmänner kamen mit einer Trage, legten den Franz drauf und marschierten mit ihm aus dem Haus.
Der Franz war so entsetzt darüber, dass er weder

brüllte noch piepste. Kein Wort brachte er heraus. Er dachte: Das kann doch nicht sein. Die Mama hat mir versprochen, dass sie mitkommt, wenn ich einmal ins Krankenhaus muss. Geschworen hat sie es mir.
Doch da war die Trage mit dem Franz schon im Rettungsauto. Die Wagentür klappte zu, der Wagen fuhr los. Ein Rettungsmann hatte sich auf den Klappsitz neben der Trage gesetzt. Der Franz piepste: „Die Mami soll kommen!“
Der Straßenlärm war so laut, dass der Rettungsmann ihn nicht verstand. Er lächelte bloß und sagte: „Alles halb so schlimm!“
Dann hielt der Wagen, und die Trage mit dem Franz

wurde herausgeholt. Die Rettungsmänner trugen den Franz ins Krankenhaus hinein. Der Franz schloss die Augen. Er wollte von der ganzen Welt nichts mehr wissen!
Die Augen machte er erst wieder auf, als ihn jemand streichelte. Eine junge Frau Doktor war das.
Sie sagte: „Jetzt machen wir ein Röntgenbild von deinem Knöchel."
Der Franz piepste: „Die Mami soll kommen!"
„Weißt du, was ein Röntgenbild ist?", fragte die junge Frau Doktor.
Der Franz piepste: „Die Mami soll kommen!"
„Ein Röntgenbild ist ein Foto von deinem Knochen", sagte die junge Frau Doktor.

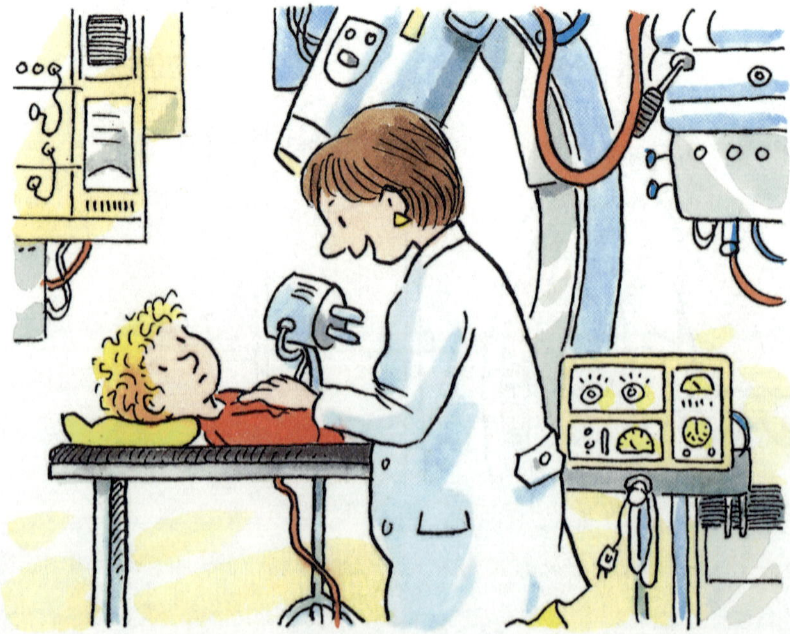

Der Franz piepste: „Die Mami soll kommen!“
„Und das tut nicht weh“, sagte die junge Frau Doktor. Blöde Kuh, dachte der Franz und piepste weiter nach der Mama. Er piepste nach der Mama, als man ihn unter den Röntgenapparat schob und ihn wieder herauszog. Und als man ihn ins Gips-Zimmer rollte und eine Plastikschiene unter das Bein legte und als man ihm eine Gipsbinde ums Bein wickelte und Gips daraufschmierte. Aber die Leute, die am Franz herumwerkten, schienen taub zu sein. Sie lächelten ihm lieb zu, streichelten ihn und sagten: „Bald hast du es geschafft!“ Und: „Es ist gar nicht so schlimm!“ Und: „Bloß ein kleiner Sprung!“

Endlich erwischte der Franz einen vernünftigen Menschen. Einen, der sich die Mühe nahm, das Piepsen zu verstehen. Der sagte zu ihm:
„Deine Mami ist längst da. Die wartet draußen."
Da ging es dem Franz wieder gut, und seine Stimme wurde wieder normal. „Kann ich mit dem Gips morgen auf Wandertag gehen?", fragte der Franz den vernünftigen Menschen.
„Unmöglich", antwortete der vernünftige Mensch. „Sei froh, dass du nicht hierbleiben musst, sondern mit der Mama heimfahren kannst!"
Der Franz nickte. Das sah er ein.

Ganz trocken war der Gips schon, als die Mama endlich ins Zimmer durfte.
„Ach, mein armer Franz“, rief die Mama und schloss den Franz in die Arme.
„Es geht mir ja gut“, sagte der Franz.
„So was von tapfer!“, sagte die Mama.
„War bloß ein Klacks!“, sagte der Franz. Dann kamen wieder die Rettungsmänner. Die legten den Franz auf die Trage, trugen ihn zum Rettungswagen und schoben die Trage hinein.

Auf der Heimfahrt saß die Mama auf dem Klappsitz. Und als die Rettungsmänner den Franz ins Haus trugen, waren viele Nachbarn an den Fenstern und winkten dem Franz zu.

Der Franz hatte sich an das Gipsbein bald gewöhnt. Wie ein Wiesel humpelte er damit herum. Die Gabi fand das Gipsbein sogar „todschick".
Drei Wochen hatte der Franz den Gips schon, da sagte die Gabi: „Auf den Gips musst du was draufschreiben. Dann schaut er noch viel todschicker aus."
Der Franz ging zum Josef. Weil der Josef eine schöne Schrift hatte.
Er sagte zum Josef: „Bitte schreib mir etwas Todschickes auf den Gips!" Er dachte: Mein großer Bruder kennt sich da besser aus. Der wird schon wissen, was todschick ist!
Der Josef nahm einen dicken roten Filzstift und sagte: „Leg dich hin, da kann ich besser schreiben!"
Der Franz legte sich aufs Bett. Der Josef setzte sich auf den Bettrand.
„Was schreibst du denn?", fragte der Franz.
Er konnte sein Gipsbein nicht sehen. Zwischen seinen Augen und dem Gips war der Rücken vom Josef.
„Das Todschickste von ganz überall", kicherte der Josef.

Der Franz hörte den Filzschreiber über den Gips quietschen.
Dann rief der Josef „Fertig“, sprang auf und lief aus dem Zimmer.
Der Franz setzte sich auf und starrte den Gips an. Mit riesigen roten Buchstaben stand da: I LOVE ULLI.
„Nein“, brüllte der Franz. „Mach das weg!“
Die Ulli war das einzige Kind in der Klasse, das der Franz überhaupt nicht leiden konnte.
Der Franz sprang aus dem Bett und humpelte hinter

dem Josef her. Aber der rannte in sein Zimmer und versperrte die Tür. Der Franz hämmerte an die Tür. Der Josef rührte sich nicht.
Bloß die Leidenfrost kam und keifte: „Hör sofort auf, du Depp!“
Der Franz versuchte, das I LOVE ULLI vom Gips zu waschen. Der Gips wurde um die Buchstaben herum ein bisschen rosa, aber die Buchstaben verschwanden nicht.
Der Franz schmierte Deckweiß auf die Buchstaben. Da waren sie weg. Doch als das Deckweiß getrocknet war, blätterte es wieder ab. Bei jedem Schritt, den der

Franz machte, fiel etwas vom Deckweiß zu Boden. Am Abend waren alle roten Buchstaben wieder da!
„So darf mich niemand sehen“, schluchzte der Franz. „Ich hasse die Ulli! Sie ist blöd, und ich bin todfeind mit ihr!“

Der Franz wischte sich Tränen aus den Augen.
„Und wenn das die Gabi sieht“, piepste er. „Und wenn sie das glaubt, dann geht überhaupt die Welt unter!“
Der Josef war zerknirscht. „Es sollte ja nur ein guter Witz sein“, sagte er. Und: „Es tut mir leid. Zieh halt eine lange Hose an!“
Aber die lange Hose vom Franz ging über das Gipsbein nicht drüber. Da hätte die Mama vorher das linke

Hosenbein auftrennen müssen. Und dann hätte sie einen langen Zippverschluss einnähen müssen. Und so einen Zippverschluss hatte sie nicht. Und es war ja schon Abend. Alle Geschäfte hatten geschlossen.
„Lack würde auf dem Gips halten“, sagte der Papa. Aber es war nur schwarzer Lack im Haus. Einen schwarzen Gipsfuß wollte der Franz auch nicht haben! Der arme Franz hatte schon ganz rot geweinte Augen, da rief die Mama:
„Ich hab's! Das ist die Lösung!“
Sie nahm den roten Filzstift. Der Franz musste sich wieder aufs Bett legen.
Die Mama malte aus dem U von Ulli ein O. Und vor dieses O malte sie ein L. Hinter das I ein S.
I LOVE LOLLIS stand jetzt auf dem Gips. Der Franz konnte zu weinen aufhören. Von diesem Tag an merkte der Franz, dass es sehr viele sehr liebe Menschen gibt. Wo der Franz auch hinkam, sagte jemand zu ihm: „Ach, du liebst Lollis?“ Und dann bekam er meistens einen Lolli geschenkt. Oder ein Bonbon oder einen Kaugummi. Als Ersatz für den Lolli, wenn die netten Leute keinen Lolli hatten.

Bald hatte der Franz so viele Lollis und Bonbons und

Kaugummis, dass er sie gar nicht wegschlecken, weglutschen oder wegkauen konnte. Er schenkte sie dem Josef. Und der sagte: „Ich hab ja schließlich auch ein Recht darauf! Ich bin ja die Ursache von deinem Lolli-Glück!“
Der Franz glaubte das zwar nicht. Aber er wollte mit dem Josef nicht streiten. Er war froh, wenn der Josef freundlich zu ihm war.

Der rote Tirolerputz

Die größte Gemeinheit und Ungerechtigkeit waren aber die roten Juckpusteln. Die bekam der Franz, wenn er Tomaten, Eier oder Erdbeeren aß.
„Das ist eine Allergie“, erklärte die Mama dem Franz. „Das ist nicht weiter schlimm! Du darfst halt keine Erdbeeren und Eier und Tomaten essen.“
Tomaten mochte der Franz ohnehin nicht. Auf Eier konnte er auch leicht verzichten. Aber Erdbeeren liebte der Franz über alles. Das Wasser lief ihm im Mund zusammen, wenn er bloß eine sah! Und wenn er Erdbeerduft in die Nase bekam, dann spürte er eine schreckliche Erdbeergier im Magen.

Einmal war der Franz beim Xandi zu einer Gartenparty eingeladen. Und es war gerade Erdbeerzeit. Die Mama vom Xandi hatte unter den Apfelbäumen ein riesiges Büfett hergerichtet. Auf einem langen Tisch standen große Platten.

Da gab es: Erdbeertorte und Erdbeerkuchen, Erdbeereis und Erdbeermilch, Erdbeerquarkcreme und Erdbeerstrudel, Erdbeersaft und Erdbeeren in Schokolade getunkt.

„Alles mit Erdbeeren?", fragte der Franz ganz unglücklich.
„Natürlich", sagte der Xandi. „Das ist ja auch ein Erdbeerfest!"
Zuerst rührte der Franz keinen Bissen an und trank keinen einzigen Schluck. Aber er hatte kein Mittagessen im Magen. Weil die Leidenfrost Mohnnudeln gekocht hatte. Die mochte der Franz nicht. Und da hatte er sich gedacht: Ich lass diese Igittigitt-Mampe stehen

und schlag mir dann auf der Gartenparty den Bauch voll. Immer hungriger wurde der Franz. Und die Gier nach Erdbeeren wurde auch immer größer in ihm. Und alle Kinder um ihn herum stopften sich unentwegt Erdbeeren in den Mund! Da hielt es der Franz nicht mehr aus. Ein kleines Erdbeertörtchen aß er, und ein winziges Gläschen Erdbeersaft trank er. Und dann dachte er: Also, wennschon, dann dennschon! Juckpusteln krieg ich sowieso, also kommt es nun auch nicht mehr darauf an! Der Franz aß noch zwei Stück Erdbeertorte und ein Schüsselchen Erdbeercreme und zwei Becher Erdbeereis. Und er trank vier große Becher Erdbeer-Limonade. Ein regelrechtes Erdbeer-Festessen veranstaltete er.

Mit einem dicken, harten Kugelbauch kam der Franz am Abend nach Hause. Und speiübel war ihm.
„Was hat denn mein Franz?", fragte der Papa. Der Franz konnte ihm keine Antwort geben. Blitzschnell verschwand er im Klo. Die halbe Kloschüssel kotzte der Franz voll. Und dabei jammerte er ganz erbärmlich.
Die Mama kam, um dem Franz beizustehen. Der Franz zog schnell die Klospülung. Aber da hatte die Mama schon gesehen, dass es in der Kloschüssel total erdbeerrosa war mit roten Erdbeerstückchen drinnen. Und sie wusste, was der Franz gegessen hatte. „Ach, Franz", seufzte sie. „So was von Unvernunft! Und dazu noch so viel!"
Am nächsten Morgen war dem Franz nicht mehr übel. Aber er hatte so viele rote Pusteln auf dem Leib, dass von seiner normalen weißen Haut kaum mehr etwas zu sehen war. Krebsrot war er. Und ganz rau. Seine Haut fühlte sich wie der Tirolerputz auf dem Haus von der Tante Trude an. Und das Ärgste war: Vom Scheitel bis zu den kleinen Zehen juckte der verflixte Tirolerputz zum Irrewerden!
Der Franz ging unter die Dusche. Da ließ das Jucken nach. Aber der Papa drehte die Dusche wieder ab. „Du weißt doch, dass die Pusteln austrocknen müssen", sagte er. „Wenn du sie im Wasser aufweichst, bleiben sie dir dreimal so lange!"

Obwohl es ein sehr warmer Tag war, zog sich der Franz eine lange Hose und ein Hemd mit langen Ärmeln an. Damit man möglichst wenig vom Tirolerputz sehen konnte.
Am liebsten wäre er ja gar nicht aus dem Haus gegangen.
Doch der Papa und die Mama sagten: „Jetzt mach kein Theater! Juckpusteln hindern weder am Gehen noch am Schreiben noch am Denken!“

Alle Kinder in der Klasse bestaunten den Franz. Den meisten Kindern tat er leid. Bloß ein paar lachten über ihn. Aber auch nicht sehr.

Nur die Ulli, die war wieder blöd. Als sie merkte, dass sich der Franz dauernd kratzte, sagte sie: „Der Franz hat Flöhe und Läuse und Wanzen."

Der Eberhard Most nahm den Franz sofort in Schutz. Der Eberhard Most liebt den Franz nämlich. Und dazu ist er noch das größte und stärkste Kind in der Klasse.
„Aber nein", sagte der Eberhard Most zur Ulli, „der Franz hat eine Allergie, und die juckt. Siehst du nicht, dass er einen roten Ausschlag hat?"
„Na klar", rief die Ulli. „Wenn man Flöhe und Läuse und Wanzen hat, bekommt man nämlich davon einen roten Ausschlag."

„Nein!“, sagte der Eberhard Most. „Der Ausschlag kommt von den Erdbeeren!“
„Ha, ha! Von den Erdbeeren!“ Die Ulli tippte sich mit dem Zeigefinger auf die Stirn. „So ein Blödsinn! Die Krätze hat er. Und die kommt vom Ungeziefer.“
„Nimm das sofort zurück!“, rief der Eberhard Most.
„Ich denke nicht daran!“, schrie die Ulli.
Und dann rief sie den anderen Kindern zu: „Kommt dem Franz nicht zu nahe. Sonst kriegt ihr Flöhe und Läuse und Wanzen von ihm.“

„Halt sofort den Mund!“, brüllte der Eberhard Most.
„Schaut! Er kratzt sich schon wieder“, rief die Ulli. Sie zeigte auf den Franz.
„Es ist wirklich nur ein Erdbeer-Ausschlag“, piepste der Franz.
„Lüg nicht, du Flohbeutel!“, rief die Ulli. „Ein Läusesack bist! Ein Wanzen-Binkel!“ Da knallte ihr der Eberhard Most eine. Und gerade in dem Augenblick kam der Zickzack in die Klasse. Der Zickzack ist der Lehrer vom Franz.
Eigentlich heißt er Swoboda. Zickzack nennt ihn der Franz, weil er immer so zickzack-kurz und im Kommandoton redet.
„Setzen!“, rief der Zickzack, und zum Eberhard Most sagte er: „Extra-Aufsatz bis morgen! Thema: Warum Starke Schwache nicht schlagen sollen.“
„Aber bitte, ich …“, protestierte der Eberhard Most.
„Mund halten!“, rief der Zickzack, nahm die Kreide und schrieb eine Rechnung an die Tafel.
Der Eberhard Most war im Aufsatz-Schreiben nicht gut. Und der Franz fand, dass er ihm Hilfe schuldig war. So kam der Eberhard Most am Nachmittag zum Franz. Aber so recht wusste der Franz auch nicht, was da nun zu schreiben war. Er holte den Josef. Und der Josef diktierte: „Die Ulli war sehr gemein zum Franz. Aber weil sie viel stärker ist als der Franz, konnte sich der Franz

71 - 3
=

gegen sie nicht wehren. Deshalb habe ich das für ihn erledigt. Wenn die Starken nicht eingreifen, wer schützt dann die ganz Schwachen? Ich ersuche Sie, mir das zu erklären, damit ich mich daran halten kann."

Am nächsten Tag gab der Eberhard Most dem Zickzack den Extra-Aufsatz. Der Zickzack las ihn gleich. Nachher sagte er zum Eberhard:
„Schwieriges Problem! Werde darüber nachdenken."
Eine Woche lang wartete der Eberhard Most auf eine Antwort vom Zickzack. Es kam keine. Und dann war die Haut vom Franz ohnehin wieder glatt und pustelfrei und juckte nicht mehr.
Da vergaß der Eberhard Most, dass ihm der Zickzack noch eine Antwort schuldig war.

Die einzige Krankheit, die der Franz gerecht und gar nicht gemein fand, war der Scharlach. Den bekam nicht er, den bekam der Josef. Aber der Arzt sagte, der Franz könnte sich auch schon mit Scharlach angesteckt haben. „Tut mir leid“, sagte er zum Franz. „Für dich gibt es jetzt drei Wochen Hausarrest. Sonst steckst du noch andere Kinder an.“

Der Franz bekam den Scharlach nicht, und die drei Wochen wurden wunderschön.

Die Mama nahm sich Urlaub, um den Josef zu pflegen. Aber der schlief meistens. So hatte die Mama jede Menge Zeit für den Franz. Zum Spielen und Geschichtenerzählen, zum Liedersingen und zum Schmusen und zu überhaupt allem, was der Franz nur wollte.

Jetzt fragt der Franz den Josef oft: „Wann kriegst du denn endlich wieder Scharlach?“

Hundertmal hat der Josef dem Franz schon erklärt: „Nie mehr! Scharlach kriegt man nur einmal im Leben.“

Aber der Franz hofft trotzdem. Schließlich gibt es ja im Leben auch immer Ausnahmen.

Liebesgeschichten vom Franz

Der Franz liebt viele Menschen.
Seine Mama und seinen Papa liebt er.

Seine Oma und seinen großen Bruder, den Josef, liebt er.
Die Gabi, die in der Wohnung nebenan wohnt, liebt er.

Den Eberhard Most, der mit ihm in die Klasse geht, liebt er.

Und dann liebt er noch drei Tanten.

Und weil die Mama, der Papa, die Oma, der Josef, die Gabi, der Eberhard, die drei Tanten den Franz auch lieben, hat der Franz mit der Liebe keine großen Probleme.
Liebe ist für Franz: wenn zwei einander sehr gernhaben und miteinander sehr glücklich sind.
(Ein bisschen streiten dürfen die zwei, die einander gernhaben, zwischendurch natürlich auch hin und wieder.)

Anna-Liese

Weil der Franz nur die glückliche Liebe kennt, tut ihm seit ein paar Wochen der Josef sehr leid. Der hat sich nämlich in die Anna-Liese verliebt. Auf den ersten Blick! Gesehen hat er sie, Herzklopfen hat er bekommen, eine Gänsehaut auf dem Rücken und Bauchziehen. Und gewusst hat er sofort: Dieses Mädchen liebe ich über alles!
Im Treppenhaus ist der Josef der Anna-Liese begegnet. Er ist die Treppe hinuntergerannt. Sie ist die Treppe nach oben gerannt. Richtig aufeinandergeprallt sind die beiden. Die Anna-Liese hat eine Mappe unter dem Arm gehabt. Die hat sie vor Schreck fallen lassen. Dann hat sie gerufen: „So pass doch auf, du Depp!"
Der Josef hat die Mappe aufgehoben und hat gesagt: „Entschuldigung!"
Die Anna-Liese hat ihm die Mappe aus der Hand gerissen und ist in den dritten Stock hinaufgelaufen. Der Josef ist stehen geblieben.
Er hat gehört, dass das Mädchen an der Tür von der Frau Leidlich geklingelt hat. Die Frau Leidlich hat

nämlich keine gewöhnliche Klingel, sondern eine, die „ding-dong-ding-dong“ macht. Dann hat er gehört, dass die Frau Leidlich sagte: „Na, da bist du ja endlich, Anna-Liese!“

Der Josef wollte eigentlich zu seinem Freund, dem Otto. Aber er hat kehrtgemacht und ist in die Wohnung zurückgegangen. Weil ihn die Liebe auf den ersten Blick so getroffen hat!

Die Mama und der Franz waren in der Küche. Sie weinten ein bisschen. Die Mama, weil sie Zwiebeln schnitt. Der Franz, weil er zu dicht bei der Mama saß.

Der Josef plumpste auf die Küchenbank. „Jetzt hat es geknallt“, sagte er.

„Wo?“, fragte die Mama und schnupfte hoch.

„In mir“, antwortete der Josef und erzählte von der Anna-Liese, vom Herzklopfen, vom Bauchziehen und der Gänsehaut.

„Soll vorkommen“, murmelte die Mama.

„Ich muss sie wiedersehen“, rief der Josef. „Dann hock dich halt auf die Treppe und warte, bis sie wieder herunterkommt!“ Die Mama wischte sich Zwiebeltränen aus den Augen und lachte. Sie meinte es nicht ernst. Aber der Josef nahm es ernst.

Er setzte sich auf die Treppe und wartete. Allerhand dumme Bemerkungen von Nachbarn musste er über sich ergehen lassen.

Die Frau Berger sagte: „Dauernd verlierst du deinen Wohnungsschlüssel! Hast denn nur Stroh im Kopf?“

Der Herr Huber fragte: „Warst frech? Hat dich deine Mama rausgeworfen?“

Und die Frau Knitzwackel, die immer keifen musste, zeterte: „Ihr habt hier eine Wohnung gemietet, aber nicht das Treppenhaus!“

Nach einer Stunde endlich kam die Anna-Liese die Treppe herunter.
Der Josef hatte sich beim Warten genau zurechtgelegt, was er der Anna-Liese sagen werde. Er wollte sagen: Ich bin der Josef und wohne hier im Haus und möchte dich gern näher kennenlernen.

Doch bevor er das herausbrachte, musste er sich erst einmal räuspern. Als er sich geräuspert hatte, war die Anna-Liese an ihm vorbeigeflitzt.
Der Josef sprang auf. „Hallo!", rief er. „He, warte doch!"
Vom Erdgeschoss her rief die Anna-Liese: „Der Hallo ist längst tot, und der He ist sehr krank!"
Dann knallte die Haustür ins Schloss.
Der Josef ging in die Wohnung zurück und schloss sich in sein Zimmer ein. Das tat er nur, wenn er traurig war.
„Wir müssen ihm helfen", sagte der Franz zur Mama.
„Ich wüsste nicht, wie", sagte die Mama.
Der Franz sagte: „Dir fällt schon was ein, wenn du dir ordentlich Mühe gibst!"
Die Mama gab sich ordentlich Mühe und dachte nach.
Dann nahm sie den Korb mit den Kirschen.
„Die bringe ich jetzt der Leidlich rauf", erklärte sie, „und sage, wir hätten viel zu viele."
„Haben wir doch gar nicht!", rief der Franz. Er hätte sich nach dem Abendessen über die Kirschen hermachen wollen.
„Ich brauch doch irgendeinen Grund, um mit ihr ins Gespräch zu kommen", sagte die Mama. „Damit ich sie nach dieser Anna-Liese aushorchen kann."
Der Franz nickte, und die Mama ging mit den Kirschen in den dritten Stock hinauf.

Ziemlich lange blieb die Mama weg. Doch als sie dann zurückkam, wusste sie auch eine Menge! Beim Abendessen berichtete sie. Also: Die Anna-Liese war 13 Jahre alt. Genauso alt wie der Josef. Sie war eine Nichte der Leidlich und kam jeden Mittwoch. Heute war sie viel zu spät dran gewesen. Sonst kam sie um zwei Uhr. Zum Klavierüben. Die Leidlich gab ihr Unterricht.
„Na, Josef", sagte der Papa. „Da musst du ja nicht verzweifeln. Da ergibt sich ja jeden Mittwoch wieder eine Chance."

Der Josef setzte sich nun jeden Mittwoch, fünf Minuten vor zwei Uhr, auf die Treppe. Und die Anna-Liese kam jeden Mittwoch zweimal an ihm vorbei. Aber ganz gleich, wie der Josef ein Gespräch anfing, sie gab bloß schnippische Antworten.
„Wirst dir noch den Po verkühlen", sagte sie. Oder: „Hast nichts Besseres zu tun, als hier zu hocken?" Und einmal hörte sie der Josef zu ihrer Tante sagen: „Du, der komische Treppentrottel sitzt unten schon wieder Wache!"

Der Franz verstand das nicht. Er dachte: Unser Josef ist doch super-prima! Einen Besseren könnte dieses Mädchen doch gar nicht kriegen!

„Stimmt schon“, meinte die Mama. „Aber um das zu merken, müsste sie ihn ja erst einmal kennenlernen.“

Einmal, an einem Mittwoch, hatte der Josef Schnupfen. Einen mit roten Augen und dicker Niesnase. So wollte er sich der Anna-Liese nicht zeigen.

Er ließ das Treppensitzen sein, legte sich aufs Sofa und schaute fern.

Da hielt der Franz den Moment für gekommen, die Sache in die Hand zu nehmen. Er suchte nach einem „Mitbringsel“. Die Mama war noch bei der Arbeit und konnte ihm beim Suchen nicht helfen. Und Kirschen waren diesmal keine da. So nahm der Franz eben den Kartoffelkorb, marschierte in den dritten Stock und klingelte bei der Frau Leidlich. Als sie die Tür öffnete, hielt er ihr den Korb hin und piepste: „Wir haben viel zu viele!“

(Wenn der Franz aufgeregt ist, wird seine Stimme immer piepsig.)

Die Frau Leidlich starrte erstaunt auf die Kartoffeln. „Aber wieso, aber warum?“, stammelte sie.

Der Franz drückte ihr den Korb in die Hände. „Na, dann schönen Dank halt“, murmelte die Frau Leidlich.

Nun hätte der Franz eigentlich wieder gehen müssen. Tat er aber nicht! Er blieb stehen.

Und weil ihm die Leidlich nicht die Tür vor der Nase zuschlagen wollte, fragte sie: „Willst du reinkommen?“

Der Franz wieselte in die Wohnung, zum Zimmer hin, aus dem Klaviergeklimper kam.
Die Anna-Liese saß am Klavier und guckte sauer. Die Frau Leidlich seufzte.
„Ich soll ihr das Klavierspielen beibringen", sagte sie. „Aber sie will ja gar nicht!"
„Ich würde gerne", log der Franz.
„So ist es immer!", maulte die Anna-Liese. „Wer will, der darf nicht! Wer nicht will, der muss!"
„Lässt du mich mal probieren?", fragte der Franz.
Die Anna-Liese ließ ihn bereitwillig auf dem Klavierstuhl sitzen.
Der Franz schaute das Notenblatt an. Die Noten konnte er nicht lesen. Doch über den Noten stand: Hänschen klein. Das Lied kannte der Franz natürlich. Mit einem Zeigefinger probierte er Klaviertasten aus. Bald hatte er die passenden Noten für Hänschen klein gefunden.
„Du bist ja ein Naturtalent!", rief die Leidlich erfreut. Sie fragte den Franz, ob er nicht mit der Anna-Liese gemeinsam Klavier üben wollte. Sie meinte, dann würde es ihrer Nichte eher Spaß machen.
„Aber gern doch!", rief der Franz.
Dann läutete im Vorzimmer das Telefon, und die Leidlich lief hinaus. Während sie telefonierte, erzählte der Franz der Anna-Liese, dass er einen großen, irre tollen Bruder habe.

Einen, der im Schwimmen und Skilaufen Preise einheimste und so stark sei, dass er allein gegen vier gleich große Kinder raufen könne.
„Und wenn der etwas nicht will“, sagte der Franz, „dann tut er es auch nicht. Den kann keiner zwingen!“
Dann kam die Frau Leidlich zurück, und der Franz ließ sich die Noten erklären. Aber zwischendurch erzählte er immer wieder etwas Schönes über den Josef. Eine ganze Stunde mühte sich der Franz mit den Noten ab. Gern tat er das nicht. Aber als ihn die Leidlich einlud, nächsten Mittwoch wieder zu kommen, nickte er erfreut.

Daheim erzählte der Franz nicht, dass er nun Klavierschüler war. Er wollte dem Josef ja heimlich helfen. Die ganze Woche zerbrach sich der Franz den Kopf, wie er es schaffen sollte, am nächsten Mittwoch unbemerkt zur Leidlich raufzukommen. Der Josef hatte ja keinen Schnupfen mehr!
Und dann würde er ja am Mittwoch wieder auf der Treppe hocken!
Die Sorge hätte sich der Franz sparen können. Am Mittwoch kam der Josef von der Schule gar nicht heim. Er musste zu einem Handballspiel. Der Franz erschien pünktlich bei der Frau Leidlich. Er übte mit der Anna-Liese die C-Dur- und die G-Dur-Tonleiter. Die Leidlich sagte zur Anna-Liese: „Nimm dir ein Beispiel an dem Kleinen! Der macht das weitaus besser als du!“

Der Franz flüsterte der Anna-Liese zu: „Mein großer Bruder würde sich das von seiner Tante nicht bieten lassen!"
Nach der Klavierstunde begleitete der Franz die Anna-Liese nach Hause. Zwei Straßen weiter wohnte sie.
Der Franz erzählte ihr den ganzen Weg über vom Josef. Er übertrieb ziemlich. So mutig, witzig, stark und klug, wie der Franz tat, war der Josef nun auch wieder nicht. Aber es wirkte!
Die Anna-Liese sagte: „Deinen Bruder würde ich gern kennenlernen."
„Du kennst ihn doch schon", sagte der Franz. „Er sitzt oft auf der Treppe. Weil er in Ruhe nachdenken will. Über Erfindungen und so Sachen, über das Leben, den lieben Gott und die Gerechtigkeit!"
„Und ich habe ihn Treppentrottel genannt", sagte die Anna-Liese zerknirscht.
„Macht ja nichts", sagte der Franz. „Ab jetzt weißt du es eben besser!"
Sehr zufrieden kam der Franz nach Hause.
Der Josef war schon daheim. Er saß in der Küche auf der Bank und sagte: „Heute hat's geknallt!"
„Wo?", fragte der Franz.
„In mir!", antwortete der Josef. Und dann erzählte er dem Franz, dass er beim Handballspiel ein Mädchen gesehen habe. Herzklopfen habe er bekommen,

Bauchziehen und Gänsehaut auf dem Rücken. Und gewusst habe er: Ich liebe dieses Mädchen über alles! „Und die Anna-Liese?“, piepste der Franz.

„Die ist mir doch längst wurscht“, sagte der Josef. Und dabei blieb er auch. Seitdem geht der Franz jeden Mittwoch zum Klavierspielen. Die Frau Leidlich wäre ja gekränkt, wenn er nicht mehr käme. Und der Franz hat sie inzwischen richtig gern. Daher will er sie nicht kränken.

Übrigens: Die Anna-Liese kommt nicht mehr am Mittwoch. Sie hat ihre Mama davon überzeugt, dass man niemanden zur Musik zwingen kann.
Manchmal trifft der Franz die Anna-Liese auf der Straße. Dann fragt sie jedes Mal nach dem Josef. Und der Franz bekommt ein schlechtes Gewissen. Weil in den Augen der Anna-Liese so viel Sehnsucht schimmert. Und dann nimmt er sich fest vor, sich nie mehr in Liebesgeschichten von anderen Leuten zu mischen!

Sandra

Es war gut, dass der Franz beschlossen hatte, sich nicht mehr um Liebesgeschichten von anderen Leuten zu kümmern. Denn dazu hätte er bald darauf ohnehin keine Zeit mehr gehabt. Der Franz steckte nämlich selber bis über beide Ohren in einem eigenen Liebesproblem. Bei der Geburtstagsfeier von der Gabi fing das Problem an. Eine Menge Kinder waren eingeladen. Der Franz war natürlich auch da. Extra eingeladen war er nicht. Er gehörte ja fast zur Gabi-Familie. Seit ein paar Monaten aß er sogar an den Schultagen bei der Gabi zu Mittag. Weil der Hausdrachen gekündigt hatte. Und die Mama war ja bei der Arbeit.
Am Nachmittag und am Sonntag war er auch oft bei der Gabi. Wenn der Franz nicht daheim war und ihn jemand suchte, konnte er ihn meistens bei der Gabi finden. Hin und wieder stritten der Franz und die Gabi auch. Doch lange waren sie aufeinander nie böse.
Bei dieser Party nun war auch die Sandra.
Ein paar Tage vor der Party hatte die Gabi mit ihr in der Schule Freundschaft geschlossen. Das hatte den

Franz nicht gestört. Die Gabi ging in eine andere Klasse. Und mit wem sie in den Pausen kicherte und ihr Pausenbrot teilte, war dem Franz egal. Doch auf der Party dann störte ihn diese Freundschaft sehr. Dauernd steckten die Gabi und die Sandra die Köpfe zusammen und kicherten und tuschelten. Und hielten Händchen!

Für den Franz hatte die Gabi kein bisschen Zeit.

Und beim Abschied sagte die Sandra zur Gabi: „Ab jetzt komme ich oft zu dir, Liebling!"

„Bloß nicht", sagte der Franz. Nicht einmal das hörte die Gabi! Sie war damit beschäftigt, der Sandra Abschieds-Bussi zu geben.

Der Franz beschwerte sich bei der Mama, doch die meinte bloß: „Jedes Mädchen braucht eine Freundin. Das ist normal, lieber Franz."

Der Franz beschwerte sich beim Papa, doch der meinte bloß: „Die Gabi ist sowieso eine Beißzange. Bald wird sie sich mit der Sandra zerstreiten."

Der Franz glaubte dem Papa und hoffte auf einen

Streit. Der Streit kam aber nicht. Ganz im Gegenteil! Jeden Tag war nun die Sandra bei der Gabi. Und der Franz kam sich zwischen der Gabi und der Sandra recht überflüssig vor.
Die zwei redeten von Kleidern und Jeans und Frisuren, Filmstars und „süßen“ Plüschtieren, „blöden“ Buben und Nagellack.
Sie probierten Tanzschritte und malten Verslein in Poesie-Alben. Manchmal flüsterten sie einander auch etwas ins Ohr und sagten zum Franz: „Das darfst du nicht hören!“
Und die Sandra wollte immer „Prinz und Prinzessin“ spielen. Wobei sie der Prinz war und die Gabi die Prinzessin.

Als sie dann eines Tages wollte, dass der Franz den königlichen Hofzwerg spielte, da reichte es ihm! Und als sie dann noch erklärte, der Franz solle sich deswegen nicht aufregen, denn für den Prinzen sei er wohl viel zu klein, da sah der Franz nur noch rot!
Er warf der Sandra die Zipfelmütze, die er als Hofzwerg aufsetzen sollte, an den Kopf und lief nach Hause. Schluchzend warf er sich auf sein Bett und trommelte mit den Fäusten in sein Kissen.

So fand ihn der Josef, als er heimkam. Er fragte den Franz, was los sei, doch der Franz sagte es ihm nicht. Der Franz wartete mit dem Kummer-Bericht auf die Mama. Der Josef war nämlich kein guter Tröster. Diesmal war auch die Mama keine gute Trösterin. Sie fand es zwar überhaupt nicht gut, dass man den Franz zum Hofzwerg eingeteilt hatte, aber das war auch

schon alles! Und der Papa verstand den Franz überhaupt nicht. Der sagte: „Ein Bub braucht auf ein Mädchen nicht eifersüchtig zu sein. Nur auf einen anderen Buben müsste er eifersüchtig sein. Wenn diese Sandra ein Sanderich wäre, könnte ich dich verstehen!" Der Franz schluchzte: „Ist doch Jacke wie Hose, ob es um die Sandra oder einen Sanderich geht!"
„Nein", rief der Papa. „Bin ich vielleicht auf die Freundinnen der Mama eifersüchtig? Fällt mir doch gar nicht ein! Das wäre ich nur auf einen Mann!"
„Geht mich nichts an, auf wen du eifersüchtig bist", rief der Franz. „Ich jedenfalls, ich liebe die Gabi nicht mehr!"

„Bis morgen früh“, murmelte der Josef. Doch da hatte er sich geirrt. Am nächsten Morgen ging der Franz um halb acht Uhr aus dem Haus. Zehn Minuten später kam die Gabi, so wie jeden Morgen, und klingelte Sturm beim Franz. Hätte ihr die Frau Huber nicht gesagt, dass der Franz schon längst weg sei, hätte sie wahrscheinlich noch um acht Uhr verdutzt geklingelt.
Mittags wartete die Gabi dann vor der Klasse vom Franz. Der Franz kam mit dem Eberhard Most aus dem Klassenzimmer und marschierte an der Gabi vorbei, als wäre sie Luft!
Die Gabi war darüber so verwirrt, dass sie ihm bloß mit offenem Mund nachstarrte.
Zum Mittagessen kam der Franz auch nicht. Hungrig hockte er daheim in der Küche. Die Wand zwischen der Küche und der Gabi-Wohnung war so dünn, dass man es hören konnte, wenn in der Gabi-Wohnung jemand laut redete. Der Franz hörte die Gabi sagen: „So ein Spinner, der Franz! Ich hab keine Ahnung, warum er sich so blöd benimmt.“ Dann kam die Gabi-Mama zum Franz herüber und brachte ihm einen Teller voll Reisauflauf und Apfelkompott. Für Notfälle.
„Was ist denn los, Franz?“, fragte sie.
Der Franz dachte: Das müsste sie ja selber wissen. Sie war ja oft genug dabei, wenn mich ihre Tochter wie den allerletzten Dreck behandelt hat!

„Ist es wegen Sandra?“, fragte die Gabi-Mama. Der Franz fing an zu weinen. Die Gabi-Mama gab ihm ihr Taschentuch. „Franz, ich verstehe dich sehr gut“, sagte sie. Der Franz schnäuzte sich und kuschelte sich an die Gabi-Mama. Er beschloss, sie von nun an zu den Leuten zu zählen, die er liebte.

Die Gabi-Mama legte einen Arm um den Franz. „Aber die Gabi hat dich sehr lieb“, sagte sie. „Glaub mir. Sie merkt bloß nicht, dass sie dir wehtut. Sie hat das noch nie selbst durchgemacht. Und das versteht nur, wer es selber erlebt hat.“ Der Franz dachte, dann wird sie es eben selber durchmachen müssen! Ich werde ihr beibringen, es zu merken! Der Franz verputzte den Reisauflauf und das Apfelkompott und ging mit der Gabi-Mama zur Gabi rüber. „Na, ausgesponnen, Franz?“, empfing ihn die Gabi. „Sowieso!“ Der Franz nickte. Die Gabi wollte mit dem Franz Fang-den-Hut spielen. Der Franz sagte: „Warten wir auf die Sandra. Ohne die mag ich nicht spielen!“ „Fang-den-Hut geht doch auch zu zweit!“, rief die Gabi.

„Schon“, sagte der Franz. „Aber mit der Sandra ist es viel, viel lustiger!“
Da schaute die Gabi ein bisschen beleidigt drein.

Als die Sandra dann da war, wieselte der Franz um sie herum. Ganz entzückt tat er über ihr Kleid und ihre Frisur. Er erzählte ihr von einem „süßen“ Plüschtiger, den er sich zum Geburtstag wünsche. Und er fragte sie, ob sie nicht mit ihm ins Kino gehen wolle. Oder wenigstens zu ihm in die Wohnung rüber? Seine Mama habe einen neuen Nagellack, „irre schick und pink“. Und das Buch mit den „supertollen“ Poesie-Album-Sprüchen, das könne er ihr dann auch gleich zeigen.
Die Sandra war hingerissen vom Franz, und die Gabi wurde wütend. „He, Franz, ich bin auch noch da“, rief sie.
Der Franz überhörte es. Er setzte sich die Zipfelmütze auf und erklärte die Sandra zur „schönsten Prinzessin aller Welten“. Und er machte vor ihr Hofzwerg-Faxen. Purzelbäume schlug er, Gesichter schnitt er, Witze erzählte er. Die Sandra kugelte sich vor Lachen.

Jedes Mal, wenn sich die Gabi ins Spiel einmischen wollte, rief der Franz: „Du bist heute der Prinz. Und der Prinz ist heute krank! Leg dich ins Bett und röchle!“
Als der Franz dann noch anfing, der Sandra etwas ins Ohr zu tuscheln, wurde es der Gabi zu bunt. Sie warf dem Franz die Prinzenkrone an den Kopf und brüllte: „Geht heim! Alle beide! Aber sofort!“
Dann lief sie aufs Klo und sperrte sich ein. „Was hat sie denn auf einmal?“, fragte die Sandra.
Der Franz nickte zufrieden: „Sie hat es gemerkt, und jetzt macht sie es selber durch!“

Er ging nach Hause und pfiff dabei vor sich hin und war gespannt, wie es nun weitergehen werde.

Am Abend kam die Gabi zum Franz.
„Ach, Franz", sagte sie. „Es tut mir ja so leid.
Ich war in der letzten Zeit wirklich nicht sehr nett zu dir."
Der Franz ließ sich seine Freude nicht anmerken. Ruppig sagte er: „Ist mir doch egal!"
Die Gabi fragte: „Soll ich versuchen, die Sandra nicht mehr zu mögen?"
„Das würdest du wegen mir tun?", fragte der Franz.
„Für dich würde ich alles tun!", rief die Gabi.
„Musst du aber nicht", sagte der Franz großzügig. „Nur gerechter aufteilen musst du die Liebe zwischen der Sandra und mir!"
„Da kämst du aber schlecht weg", sagte die Gabi.
„Weil ich dich doch in Wirklichkeit zehnmal so lieb habe wie sie!"
Von da an hielt es der Franz gut aus, wenn die Gabi mit der Sandra ein bisschen zu viel kicherte und tuschelte und über Sachen redete, die ihn nicht interessierten. Und wenn er dann doch fast wieder einmal eifersüchtig wurde, dann erinnerte er sich schnell an den Abend, wo ihm die Gabi ihre zehnfache Liebe gestanden hatte.

Und dem Josef glaubte er nicht, wenn der grinste und behauptete: „Wetten, dass die Gabi ganz geheim auch der Sandra ihre zehnfache Liebe gestanden hat?"
Da antwortete der Franz dann bloß: „Ich wette nicht! Die Mama hat gesagt, dass es ein Unfug ist, zu wetten!"

Elfe

Die drei Tanten vom Franz heißen Kitti, Kathi und Koko. Echte Tanten sind sie nicht. Sie sind alle drei Jugendfreundinnen der Mama.
Sie wohnen in einer kleinen Stadt, in einem Haus mit großem Garten dahinter. Keine von ihnen ist verheiratet, keine hat ein Kind. Aber alle drei mögen Kinder sehr gern. Darum rufen sie die Mama vom Franz oft an und sagen:
„Wir hätten gern deinen lieben Franz für ein paar Tage zu Besuch.“

Die Tante Kitti ist Friseurin.
Die Tante Kathi ist Schneiderin.
Die Tante Koko ist Masseurin.
Der Frisiersalon der Tante Kitti ist unten im Erdgeschoss des Hauses.
Die Schneiderei der Tante Kathi ist oben in der Mansarde des Hauses. Die Tante Koko fährt mit dem Auto zu ihren Kunden. Ihren Klapp-Massiertisch hat sie im Kofferraum.

Der Franz wollte schon längst einmal wieder die Tanten besuchen. Zu Ostern dann klappte es endlich! Am ersten Osterferientag holte ihn die Tante Koko mit dem Auto von daheim ab. Extra Urlaub nehmen konnten sich die Tanten wegen dem Franz nicht.
Er schaute der Tante Kathi gern beim Zuschneiden und Nähen zu. Der Tante Kitti konnte er sogar im Frisiersalon helfen. Wenn die Tante Kitti einer Kundin die Haare schnitt, kehrte der Franz die Haare vom Boden auf. Mit der Tante Koko wäre er auch gern zum Massieren gefahren, doch die sagte: „Franz, das geht nicht! Die Leute mögen es nicht, dass jemand zuschaut, wenn sie nackend daliegen und durchgeknetet werden."
Außerdem konnte der Franz ja auch im Garten hinter dem Haus spielen.
Da gab es Bäume zum Klettern und Beete zum Umgraben. Und eine wilde Katze, die zutraulich wurde, wenn man sie mit Wurst lockte.
Und im Nachbargarten gab es ein Mädchen. Elfe hieß es und sah auch genauso aus. Himmelblaue Sternaugen hatte die Elfe und goldblonde

lange Haare, ein winziges Näschen und allerliebste Lachgrübchen in den Wangen. Und dazu war sie ein bisschen kleiner als der Franz. Obwohl sie genauso alt war wie er.

Das war eine Seltenheit! Sonst waren gleichaltrige Mädchen mindestens eine Handbreit größer als der Franz.

Dem Franz ging es mit der Elfe fast so wie dem Josef mit der Anna-Liese. Es knallte in ihm, als er sie zum ersten Mal im Nachbargarten sah. Mit Herzklopfen knallte es! Bauchziehen und Gänsehaut auf dem Rücken bekam er allerdings nicht.

Zuerst wagte sich der Franz nicht an die Elfe heran. Er beobachtete sie bloß. Aus der Krone des Kirschbaumes, vom Mansardenfenster der Schneiderei und vom Klofenster des Frisiersalons.
Es kam ihm so vor, als langweile sich die Elfe ziemlich. Sie schlenderte immer im Garten herum, rupfte da einen Grashalm aus und dort eine Blume. Sie warf mit Kieselsteinchen und versuchte sich im Weitspucken.
Die Tanten merkten, dass der Franz unentwegt nach der Elfe ausschaute. Sie sagten zu ihm: „Du, Franz, der erste Eindruck täuscht bei diesem Kind. Angeblich ist sie ein kleines Luder. Nimm dich in Acht vor ihr!"
„Was könnte sie mir denn tun?", fragte der Franz.
„Dich verführen könnte sie", sagte die Tante Kitti.
„Wozu verführen?", fragte der Franz.
„Zu Untaten!", sagte die Tante Kathi.
„Zu welchen?", fragte der Franz.
„So genau wissen wir das auch nicht", sagte die Tante Koko. „Aber man munkelt allerhand über sie!"
Der Franz fand das aufregend und schaurigschön, und er bekam die Gänsehaut auf dem Rücken, die beim „Knall" in ihm gefehlt hatte. Jetzt musste er die Elfe unbedingt richtig kennenlernen! Er steckte ein Pfefferminzbonbon in den Mund. Für den frischen Atem. Er ließ sich von der Tante Kitti die Haare hochtoupieren. Um ein bisschen größer zu wirken. Dann

atmete er dreimal tief durch und marschierte in den Garten.
Die Elfe stand am Zaun und starrte himmelwärts. So, als schaue sie nach einem Flieger aus.
Es war aber kein Flieger am Himmel. Nicht einmal eine Wolke. Der Franz lehnte sich an den Zaun. Reden wollte er nicht. Er hatte Angst, dass seine Stimme wieder piepsig wurde.
„Na endlich", sagte die Elfe und schaute weiter in den Himmel. „Ich hab schon gedacht, du hast was gegen Mädchen."
Aber der Franz hatte ja nichts gegen Mädchen. Also schüttelte er den Kopf.

„Bist stumm?“, fragte die Elfe, gab das Himmelstarren auf und schaute den Franz an. Und der Franz bekam jetzt auch noch das Bauchziehen, von dem ihm der Josef erzählt hatte. Von so wunderschönen, himmelblauen Stern-Augen war er überhaupt noch nie angeschaut worden!
„Bist stumm?“, wiederholte die Elfe.
Der Franz schüttelte wieder den Kopf.
„Komm rüber zu mir“, sagte die Elfe.
Der Franz kletterte über den Zaun. Sehr elegant und sportlich schaffte er das.
„Spielen wir was?“, fragte die Elfe.
Der Franz nickte.
„Und zwar?“, fragte die Elfe.
Die Aufregung im Franz hatte sich etwas beruhigt. Er piepste fast gar nicht, als er sagte: „Ist mir gleich, ganz wie du willst!“
„Am liebsten etwas Verbotenes“, sagte die Elfe und bekam zwei allerliebste Lachgrübchen in den Wangen.
Der Franz dachte nach. Aber es fiel ihm kein verbotenes Spiel ein.
„Supermarkt, zum Beispiel“, sagte die Elfe.
Der Franz war etwas enttäuscht. Er dachte: Supermarkt-Spielen wird wohl so wie Kaufmannsladen-Spielen sein. Das ist doch nur für kleine Kinder und nicht verboten!

Aber schließlich hatte es im Franz „geknallt“, und so sagte er willig: „Gern!“
„Okay, dann gehen wir“, rief die Elfe.

„Wohin?“, fragte der Franz.
„Na, in den Supermarkt“, rief die Elfe.
Da bekam der Franz den Verdacht, dass das Supermarkt-Spiel vielleicht doch etwas anderes war als das Kaufmannsladen-Spiel. Doch aus Angst, die Elfe könnte ihn für dumm halten, fragte er nicht nach. Er sagte bloß: „Ich muss noch schnell den Tanten sagen, dass ich in den Supermarkt gehe.“ Er wollte über den Zaun zurück. Die Elfe hielt ihn am Hosenboden fest.

„Spinnst?“, rief sie. „Willst es vielleicht auch noch der Polizei melden?“
Sie nahm den Franz an der Hand und marschierte mit ihm schnurstracks aus dem Garten, die Straße hinunter, in Richtung Supermarkt.
An der Straßenecke trafen sie einen Buben.
Der schaute die Elfe ganz so an, als habe es in ihm „geknallt“, und fragte sie: „Elfe, darf ich dich heute Nachmittag besuchen?“

„Nein“, sagte die Elfe und deutete auf den Franz. „Jetzt ist er mein Freund!“
Dem Franz tat der Bub ein bisschen leid, trotzdem bekam er vor lauter Stolz rote Wangen.

An der Straßenecke vor dem Supermarkt trafen sie wieder einen Buben. Auch der schaute die Elfe so an, als habe es in ihm „geknallt". Und er fragte: „Elfe, darf ich mit euch kommen?"
„Nein", sagte die Elfe und deutete auf den Franz. „Jetzt ist er mein Freund."
Da bekam der Franz vor lauter Stolz auch noch Glitzeraugen.
Dann waren sie beim Supermarkt. Die Elfe lehnte sich an ein geparktes Auto und sagte: „Jetzt geh rein und hol mir einen Kaugummi!"
„Tut mir leid, ich hab kein Geld eingesteckt", sagte der Franz.
„Du sollst keinen kaufen, du sollst einen holen", sagte die Elfe.
„Holen?", piepste der Franz. Mit einem Mal war ihm das Supermarkt-Spiel klar! Kaugummi sollte er klauen!
Die Elfe schaute auf ihre Armbanduhr. Die hatte einen Sekundenzeiger.

Sie sagte: „Ich stoppe die Zeit. Der Xandi schafft es in drei Minuten. Mal sehen, ob du besser bist!"
Vor Schreck konnte der Franz nicht einmal mehr piepsen. Er wollte kein Dieb sein! Aber er wollte der Elfe auch nicht sagen, dass er kein Dieb sein wollte!
Die Elfe gab dem Franz einen Schubser, und der Franz stolperte auf den Supermarkt-Eingang zu. Herr im Himmel, was mache ich jetzt bloß?, dachte er. Herr im Himmel, hilf mir aus der Klemme!
Und genau in dem Augenblick, wo der Franz die Tür aufdrückte, fiel ihm ein, dass er in der hinteren Hosentasche ein nagelneues Fünfer-Paket Kaugummi hatte.
Da wieselte der Franz erleichtert los! Rein in den Supermarkt, um das erste Regal herum, an der Kassenfrau vorbei, durch die Tür wieder raus und zur Elfe zurück! Er zog den Kaugummi aus der Hosentasche und gab ihn der Elfe.

„Toll!", rief die Elfe. „Eine Minute und zehn Sekunden! Du bist der Größte!"
Voll Bewunderung schaute ihn die Elfe an. Und der Franz kam sich wirklich wie der Größte vor. Und dann

kamen die zwei Buben, die an den Straßenecken mit der Elfe geredet hatten. Und die Elfe erzählte ihnen von der „supertollen" Leistung, die der Franz vollbracht hatte. Der Franz kam sich noch ein bisschen größer als der Größte vor! Darum fiel es ihm auch nicht weiter auf, als der eine Bub von ihnen wegging und in den Supermarkt hineinlief.

Der Franz war vollauf damit beschäftigt, der Elfe und dem anderen Buben zu erklären, dass für so eine „Kleinigkeit" eine Minute und zehn Sekunden gar keine „reife Leistung" seien. Daheim, schwindelte der Franz, schaffe er das in fünfzig Sekunden!

Und dann kam der Bub wieder aus dem Supermarkt heraus. An seiner Seite war eine große, dicke Verkäuferin. Die beiden stürzten auf den Franz zu.

Die große, dicke Verkäuferin packte den Franz am Kragen, schüttelte ihn durch und rief: „Unglaublich! Schaut aus wie ein Engel und stiehlt wie ein Rabe! Her mit dem Kaugummi!"

Mit ihren himmelblauen Sternen-Augen guckte die Elfe die Verkäuferin unschuldig an und

säuselte: „Oh, wie schrecklich!“ Sie hielt der Verkäuferin die Fünfer-Packung hin. „Ich habe wirklich nicht gewusst, dass er ihn gestohlen hat. Ehrenwort! Ich habe gedacht, dass er ihn gekauft hat!“
Die Verkäuferin nahm den Kaugummi, drehte ihn zwischen den Fingern, schüttelte den Kopf und ließ den Kragen vom Franz los.
„Was soll denn der Blödsinn?“, fragte sie. „Der Kaugummi ist doch gar nicht aus unserem Laden! Diese Marke führen wir überhaupt nicht.“
Dann gab sie der Elfe die Fünfer-Packung zurück und lief in den Supermarkt.
„Na, du bist vielleicht ein Angeber“, sagte der eine Bub zum Franz.
„Na, du hast dir da ja einen tollen neuen Freund angelacht“, sagte der andere Bub zur Elfe.
„Na, du bist vielleicht ein Trottel“, sagte die Elfe zum Franz.
Und zu den beiden Buben sagte sie: „Ich geh jetzt heim! Ihr dürft mich begleiten.“
Sie gab dem einen Buben die rechte Hand und dem anderen die linke Hand und hopste mit ihnen davon.
Der Franz schaute ihnen nach. Herzklopfen hatte er, Gänsehaut auf dem Rücken und Bauchziehen. Aber ein ganz anderes Herzklopfen und Bauchziehen, eine ganz andere Gänsehaut als beim „Knall“ in ihm. Ihm

war so zumute, als ob er gleich fürchterlich krank werden würde.

Lange stand der Franz so da. Dann ging er langsam zum Haus der Tanten zurück. Er wollte die Tanten nicht sehen. Er schlich in den Garten und kletterte in den Apfelbaum hinauf. Im Nachbargarten saßen die Elfe und die zwei Buben. Der Franz hörte die Elfe sagen: „Fünf Kaugummis kann man nicht durch drei teilen. Ihr kriegt jeder einen, und ich krieg drei!"

Am Abend schrieb der Franz der Gabi einen Brief. Er schrieb:

> Liebe Gabi,
> bei den Tanten ist es ganz nett, aber ohne dich ist es nicht so lustig. Kinder zum Spielen gibt es hier auch keine. Nur eine Elfe im Nachbargarten, aber die ist sehr, sehr gemein.
> Dein Franz

Sechs dicke Tränen tropften auf das Briefpapier, während der Franz schrieb. Wo die Tränen hinfielen, wurden die dunkelblauen Tinten-Buchstaben zu himmelblauen Wölkchen.

Als der Briefträger der Gabi den Brief brachte, war der Franz schon wieder zu Hause. Die Gabi lief mit dem Brief zum Franz hinüber. Sie deutete auf die himmelblauen Wölkchen und fragte: „Hast du den Brief im Regen geschrieben?“

Der Franz starrte die himmelblauen Wölkchen an und wurde rot im Gesicht.

„Ach ja“, murmelte er. „An dem Tag war ein scheußliches Gewitter.“ Der Franz lächelte der Gabi zu.

„Aber das ist schnell wieder vorübergegangen.“

Weihnachtsgeschichten vom Franz

Der Franz und die Gabi

Der Franz ist acht Jahre und acht Monate alt. Er wohnt mit seiner Mama, seinem Papa und seinem großen Bruder, dem Josef, in der Hasengasse.
Seine Freundin, die Gabi, wohnt gleich nebenan in der Wohnung. Sie ist so alt wie der Franz.
Einen Freund hat der Franz auch. Der heißt Eberhard Most und geht mit ihm in die Klasse. Er beschützt den Franz.
Das hat der Franz manchmal nötig, weil er der kleinste und schwächste Bub in der Klasse ist und sich gegen gemeine Kinder nicht gut wehren kann.
Die Oma vom Franz wohnt im Altersheim.
Der Franz besucht sie jede Woche zweimal. Obwohl der Weg dorthin sehr weit ist. Und er hätte es viel lieber, wenn die Oma noch in ihrer Wohnung, zwei Ecken weiter, leben würde. Dann könnte er sie jeden Tag zweimal besuchen.
Wenn sich der Franz sehr aufregt, bekommt er eine Piepsstimme. Das ist sehr ärgerlich, denn einen piepsenden Franz nehmen die Leute nicht ernst. Aber

gerade wenn sich der Franz sehr aufregt, will er doch ernst genommen werden!
Hin und wieder passiert es dem Franz auch, dass ihn jemand für ein Mädchen hält. Weil er blonde Ringellocken hat und einen Herzkirschenmund. Und veilchenblaue Sternenaugen.
Früher hat das den Franz sehr zornig gemacht.
Doch dann hat die Gabi einmal zu ihm gesagt: „Dass man dich für ein Mädchen hält, das passiert dir nur, weil du für einen Buben einfach zu schön bist."

Und da hat sich der Franz gedacht: Also, wenn das so ist, dann kann ich ja froh sein.
Dabei ist der Franz überhaupt nicht eitel. Es ist für ihn nur sehr wichtig, dass ihn die Gabi schön findet. Sie hat nämlich auch einmal zum Franz gesagt: „Wirklich lieben kann ich nur wirklich schöne Menschen."
Und der Franz möchte von der Gabi wirklich geliebt werden! Aber er ist sich nie ganz sicher, ob ihn die Gabi wirklich liebt. Oft plagt die Eifersucht den Franz gewaltig. An den Wochenenden überfällt sie ihn besonders arg. Da fährt die Gabi immer mit ihren Eltern aufs Land. Zu ihrer Tante Anneliese. Und bei der gibt es einen Peter.

Der ist ein Patenkind von der Tante Anneliese.
Von diesem Peter erzählt die Gabi dem Franz die tollsten Sachen. Angeblich kann der Peter über eine zwei

Meter hohe Mauer springen. Und beim Raufen gegen drei große Jungen gewinnen. Und bis in den Wipfel einer riesigen Tanne klettern. Wunderbar singen kann er auch. Und aus Holz schnitzt er glatt eine Mickymaus. Beim Skirennen gewinnt er immer den ersten Preis. Und außerdem ist er schrecklich klug und gebildet. Er weiß einfach alles!

„Wenn der Peter groß ist", sagt die Gabi oft zum Franz, „dann bekommt er unter Garantie den Nobelpreis."

Aber wenigstens hat die Gabi dem Franz noch nie vorgeschwärmt, dass dieser Peter „wirklich schön" ist. Das beruhigt den Franz ein bisschen.

Von alten und neuen Weihnachtsgeschenken

Zu Weihnachten fährt die Gabi auch immer mit ihren Eltern zur Tante Anneliese und zum Peter. Wenn der Franz wollte, könnte er ja mitkommen. Doch Weihnachten ohne Mama und Papa, Oma und Josef kann sich der Franz nicht gut vorstellen. Und Weihnachten mit diesem Peter kann er sich noch weniger gut vorstellen.

Der Franz nimmt es der Gabi sehr übel, dass sie zu Weihnachten nicht daheimbleibt. Jedes Jahr will er sie dazu überreden, nicht wegzufahren.

Er sagt: „So lass doch deine Eltern allein fahren. Du kannst ja bei uns schlafen und essen. Und ich spiele auch jeden Tag mit dir Friseur und Kochen."

Friseur-Spielen und Kochen-Spielen sind die Lieblingsspiele der Gabi. Und für den Franz ist es eine große Überwindung, der Gabi dieses Angebot zu machen. Er spielt weder gern Friseur noch Kochen.

Aber die Gabi ist stur und will trotzdem lieber zur

Tante Anneliese und zum Peter. Weihnachten auf dem Land gefällt ihr viel besser als Weihnachten in der Stadt.
Gleich am letzten Schultag vor Weihnachten fahren die Gabi und ihre Eltern los. Und darum beschenken der Franz und die Gabi einander auch schon einen Tag vor dem Heiligen Abend.
Sie machen das sehr feierlich. Die Gabi hat einen winzigen Puppenchristbaum aus Plastik. An dem sind noch winzigere elektrische Kerzen.
Die Gabi legt ein weißes Tischtuch über ihren Schreibtisch, darauf stellt sie den Puppenchristbaum und knipst ihn an.

Dann singt sie mit dem Franz: „Ihr Kinderlein kommet, so kommet doch all …" Und dann tauschen der Franz und die Gabi ihre Päckchen aus.
Der Franz tut immer so, als ob er sich über die Geschenke von der Gabi sehr freuen würde. Doch da muss er ziemlich mogeln. Die Gabi schenkt dem Franz nämlich immer sehr sonderbare Sachen.
Vor vier Jahren hat sie ihm einen Ansteckknopf mit der Aufschrift „Kaufe nur Pfandflaschen" geschenkt. Einen mit einer verbogenen Nadel hintendran.
Vor drei Jahren hat sie ihm eine Duschhaube geschenkt. Eine mit Gummizug. Und das Gummi war schon total ausgeleiert.
Vor zwei Jahren hat sie ihm vier blecherne Quakfrösche geschenkt. Die waren auf der Bauchseite alle ganz rostig.
Und voriges Jahr hat sie ihm einen Nussknacker geschenkt. Aber nicht so einen hübschen bunten Holz-Soldaten, dem man die Nüsse in den Mund schiebt. Nein, einen ganz gewöhnlichen aus Messing, mit lockerem Scharnier!
Was der Franz dieses Jahr von der Gabi bekommt, weiß er auch schon. In der Schreibtischschublade bei der Gabi hat er einen Zettel entdeckt. Auf den hatte die Gabi geschrieben, was sie wem schenken wird. Hinter PETER war noch ein großes Fragezeichen.

Hinter FRANZ stand: Drei Schraubenzieher.
Der Franz wüsste nicht, was er weniger brauchen könnte als drei Schraubenzieher.

Er schraubt nie! Und wenn er es wollte, könnte er sich jede Menge Schraubenzieher aus dem Werkzeugkasten vom Papa borgen.
Der Franz hat den schweren Verdacht, dass die Gabi gar nie Weihnachtsgeschenke für ihn besorgt, sondern ihm bloß alten Kram schenkt, den keiner mehr braucht.
Doch die drei Schraubenzieher findet der Franz nicht so übel. Die hat er schon verplant. Er wird sie an den Josef weiterschenken.
Der Josef nagelt, feilt und schraubt gern herum.
Was der Franz der Gabi dieses Jahr schenkt, muss er sich noch gut überlegen. Da gibt es in einem Schaufenster

vom Papierwarengeschäft ein rosa Briefpapier mit violettem Zierrand aus Veilchengirlanden. Das bewundert die Gabi jeden Tag. So richtig auffällig tut sie es. Ganz so, als ob sie dem Franz einen Hinweis geben wollte. Und das rote Stirnband im Schaufenster der Parfümerie gefällt ihr auch sehr gut.

Das will sie sich von ihrem Taschengeld zusammensparen, hat sie gesagt.
Das Briefpapier kostet doppelt so viel wie das Stirnband. Der Franz ist sich ganz sicher, dass sich die Gabi viel mehr über das Briefpapier freuen würde als über das Stirnband.

Aber er ist sich nicht ganz sicher, ob man für jemanden, dem man bloß drei Schraubenzieher wert ist, so viel Geld ausgeben soll.
Die Mama vom Franz meint: „Sei nicht so kleinlich. Beim Schenken darf man nicht rechnen."
Der Papa vom Franz meint: „Schenk ihr lieber einen alten Hosenknopf. So ein geiziges Stück verdient nicht mehr."
An einem Tag findet der Franz, dass die Mama recht hat. An einem anderen Tag findet der Franz, dass der Papa recht hat. Je nachdem, ob die Gabi gerade lieb oder böse zu ihm ist.

Das braune Paket

Für Weihnachten hat der Franz hundert Wünsche. Neunundneunzig kleine und einen großen. Die neunundneunzig kleinen Wünsche sind von Woche zu Woche verschieden. Die ändern sich jedes Mal, wenn der Franz an den Schaufenstern eines Spielzeugladens vorbeikommt. Den einen großen Wunsch hat der Franz schon lange. Seit dem Frühjahr schon. Seit seinem Geburtstag. Ein ferngesteuertes Segelboot wünscht sich der Franz. Eines, das man selber zusammenbauen muss. Doch zu seinem Geburtstag hat die Mama erklärt: „Lieber Franz, dafür bist du noch zu jung! Das schaffst du nicht!“

Aber inzwischen sind ja acht Monate vergangen. Der Franz hält sich jetzt für alt genug, um das zu schaffen. Außerdem hat ihm der Josef versprochen zu helfen. Seit Anfang November schon versucht der Franz der

Mama beizubringen, dass er alt genug für seinen großen Wunsch ist. Mit dem Papa redet er nicht darüber, denn der kümmert sich nicht um die Geschenke. Der Weihnachtsmann in der Familie vom Franz ist die Mama. Aber es ist schwierig, mit der Mama über Geschenke zu verhandeln. Die Mama liebt Überraschungen. Wenn ihr der Franz sagt, was er gern hätte, sagt sie auf alle Fälle: „Das kommt doch gar nicht infrage! Schlag dir das aus dem Kopf!"
Doch unter dem Christbaum liegen dann immer ein paar Sachen, die sich der Franz aus dem Kopf hätte schlagen sollen.
Und welche Wünsche die Mama erfüllen wird und

welche nicht, das ist ihr nicht anzumerken. Auch nicht, wenn man sie hundertmal fragt. Sicher ist nur, dass die Mama keine Pistolen, Säbel, Dolche und Gewehre kauft. Sie sagt: „Franz, wenn du so einen Schmarrn unbedingt haben willst, dann spare ihn dir vom Taschengeld zusammen!“

Eines Tages nun, Anfang Dezember, wollte sich der Franz aus dem Schrank im Schlafzimmer eine Krawatte holen. Weil er mit der Gabi „Doktor und krankes Kind" spielte. Und die Gabi bestand darauf, dass der Arzt unbedingt eine Krawatte um den Hals haben müsse.
Doch der Schrank im Schlafzimmer war verschlossen. Und der Schlüssel steckte nicht an der Schranktür. Da wusste der Franz: Die Mama hat schon Weihnachtsgeschenke gekauft. Die Mama vom Franz versteckt jedes Jahr die Weihnachtsgeschenke im Schlafzimmerschrank.
Der Franz lief zur Mama ins Wohnzimmer und sagte ihr, dass er dringend eine Krawatte vom Papa brauche. Die Mama ging mit dem Franz ins Schlafzimmer. Sie holte den Schrankschlüssel aus der Rocktasche, schloss den Schrank auf und nahm drei Krawatten heraus. Zur Auswahl. Ganz flink machte sie das.
Aber der Franz sah trotzdem, dass unten im Schrank ein großes Paket lag. In braunes Packpapier war es eingewickelt.
Ein Selbstbau-Segelboot hätte da gut drinnen sein können!
Von diesem Tag an musste der Franz zehnmal in der

Stunde an das Paket denken. War da nun wirklich das Segelboot drinnen? Oder der neue Skianzug für den Josef? Oder der neue Radio-Apparat für die Oma? Oder die 24 Bände Lexikon, die sich der Papa wünschte?
Am Sonntag dann, am Nachmittag, gingen die Mama und der Papa ins Museum. Bilder anschauen. Und der Josef ging ins Schwimmbad. Zum Training.
Den Franz interessierten die Bilder nicht. Also wollte er nicht ins Museum mitkommen. Mit dem Josef ins Schwimmbad wäre er gern gegangen. Doch der wollte ihn nicht mitnehmen. „Du bist mir doch nichts als ein Klotz am Bein!“, sagte er.
So blieb der Franz am Sonntagnachmittag allein zu Hause. Zuerst schaute er ein bisschen fern. Dann beschloss er, seiner Oma zu Weihnachten ein Bild zu malen. Lang überlegte er, was auf dem Bild drauf sein sollte. Er dachte: Ich werde etwas malen, was die Oma gernhat und was es im Altersheim nicht gibt. Damit sie es wenigstens auf dem Bild anschauen kann.
Hin und her überlegte der Franz.
Schließlich entschied er sich dafür, den toten Opa zu malen. Weil der Opa ganz sicher der Oma am meisten fehlte. Weil sich der Franz an seinen Opa aber nicht mehr sehr gut erinnerte, brauchte er eine Vorlage zum Malen. Er ging ins Schlafzimmer. Dort hing ein gerahmtes Foto vom Opa an der Wand.

Der Franz nahm das Foto vom Haken, und als er damit aus dem Schlafzimmer gehen wollte, sah er, dass der Schlüssel in der Schranktür steckte!
Der Franz drehte den Schlüssel im Schloss und zog die Schranktür auf. Das braune Paket stand noch da.
Der Franz legte eine Hand auf das Paket und tastete ein bisschen herum. Da war eindeutig eine harte Schachtel unter dem Packpapier.
Aber sowohl Segelboote als auch Skianzüge, Radios und Bücher können in harte Schachteln verpackt sein.

Der Franz seufzte, schlug die Schranktür zu und lief mit dem Foto vom Opa aus dem Schlafzimmer.
Er setzte sich wieder an seinen Schreibtisch und malte den Opa ab. Aber leicht war das wirklich nicht! Bloß den Schnurrbart, die Brille und die abstehenden Ohren vom Opa kriegte der Franz halbwegs ähnlich hin. Und er war auch nicht richtig bei der Sache. Dauernd musste er an den unverschlossenen Schrank denken. Und als dann noch ein Klecks roter Farbe auf die Nase vom Opa tropfte, war dem Franz alle Lust aufs Malen vergangen.
Er zerknüllte die Zeichnung und warf sie in den Papierkorb. Dann trug er das Foto vom Opa ins Schlafzimmer zurück und hängte es an den Haken.
Der Franz wollte wirklich gleich wieder aus dem Schlafzimmer raus. Aber wie ein Magnet zog ihn der Schrank an! Und der Franz wollte den Schrank wirklich nicht mehr öffnen, aber seine Finger kümmerten sich einfach nicht darum. Sie zogen die Schranktür auf, sie griffen an eine Kante vom braunen Paket und rissen ein kleines Stück vom Packpapier weg.
So groß wie eine Walnuss war das Loch im Packpapier. Und unter dem Loch war grasgrüne Pappe.
Das Selbstbau-Segelboot, das sich der Franz so sehr wünschte, war in einem blau-weiß-rot gestreiften Karton. Das wusste der Franz genau. Aber vielleicht

hatte ja seine Mama ein anderes Selbstbau-Segelboot-Modell gekauft? Ein kleineres Boot! Oder ein größeres! Oder eins von einer anderen Firma!
Zeigefinger und Daumen der rechten Hand vom Franz zuckten zum walnussgroßen Loch. Lasst das bloß bleiben, warnte der Kopf vom Franz die Finger. Doch die scherten sich nicht um die Warnung und rissen einen langen, dünnen Streifen vom Packpapier. Vom Loch bis zur gegenüberliegenden Paketkante.

Der Franz sah viel grüne Pappe und darauf in weißer Schrift:

PUPPENKÜCHE
MODELL: GROSSMÜTTERCHEN

Fast hätte der Franz zu weinen angefangen. Doch er schluckte alle Tränen tapfer hinunter. Er drehte das Paket so, dass es mit der aufgerissenen Seite zur Schrankwand schaute, dann knallte er die Schranktür zu und lief in sein Zimmer.
Er warf sich auf sein Bett, starrte die Tapete an und war kreuzunglücklich. Da sollte er also zu Weihnachten eine Puppenküche bekommen!
Das war ja der blanke Wahnsinn!

Aber der Mama war kein Vorwurf zu machen, das sah der Franz ein. Er sagte sich: Wenn ich dauernd mit der Gabi Kochen spiele, muss die Mama ja denken, dass mir eine Puppenküche Freude macht. Wie soll sie wissen, dass ich die Kocherei hasse und nur der Gabi zuliebe in den blöden Pötten rühre?
Dann sagte er sich: Das ist nun die Strafe dafür, wenn man an verbotene Schränke geht! Und dann sagte er sich: Unsinn! Aus der blöden Küche wäre auch kein Segelboot geworden, wenn ich die Finger von ihr gelassen hätte. Und schließlich sagte er sich: Gut, dass ich nachgeschaut habe, denn jetzt ist noch Zeit zum Umtauschen.
Seitdem versuchte der Franz der Mama beizubringen, dass er die Puppenküche wirklich nicht haben wollte. Er sagte zu ihr: „Die Gabi nervt mich! Dauernd will sie kochen!“ Er sagte: „Idiotisch, den Puppen was zu kochen. Was man ihnen reinschiebt, verschimmelt ohnehin nur im Puppenbauch.“ Er sagte auch: „Bin echt froh, kein Mädchen zu sein. Sonst wäre ich vielleicht auch so blöd und würde gern kochen!“
Wenn der Franz so redete, nickte die Mama. Und nach einer Woche dann war der Franz sicher: Sie hat kapiert! Sie geht umtauschen!

Doch vier Tage vor Weihnachten, am Morgen, als der Franz zum Klo ging und am Schlafzimmer vorbeikam,

stand die Schranktür offen, und unten im Schrank war noch immer das braune Paket. Irrtum ausgeschlossen! Genau erkannte es der Franz wieder. Der Franz verstand die Welt nicht mehr!
Gallebitterböse war er auf seine Mama. Und als ihn die Mama fragte, was er sich denn am Heiligen Abend zum Essen wünsche, da sagte er grantig: „Spinat mit Nockerln und Blutwurst! Damit alles ordentlich zusammenpasst!“ Nockerln, Spinat und Blutwurst mag der Franz nämlich überhaupt nicht.
Die Mama war sehr verdutzt. „Franz, was ist denn?“, fragte sie. „Warum bist du denn so grantig?“
Aber der Franz konnte der Mama ja nicht sagen, warum er so grantig war. Wer will schon zugeben, dass er heimlich eine streng verbotene Sache gemacht hat? Nicht einmal der Gabi erzählte der Franz davon. Bloß dem Eberhard Most erzählte er es, denn der versteht den Franz immer. Und hält alles für richtig, was der Franz tut.
Der Eberhard Most war über die Puppenküche fast noch empörter als der Franz.
Er sagte: „Wenn sich deine Mama so wenig aus deinen Wünschen macht, wärst du aber schön blöd, ihr die teure blaue Vase zu schenken!“
Der Franz sparte schon seit Monaten für diese Vase. Sein ganzes Taschengeld, jeder Fünfer der Oma, das

Geld, das er von seinen Tanten bekommen hatte, alles war in seiner Sparsau gelandet. Nichts hatte sich der Franz seit Monaten gegönnt, damit er für die Mama die teure Vase kaufen konnte.
„Ich an deiner Stelle“, sagte der Eberhard Most, „würde mir für das ersparte Geld einfach das Segelboot kaufen. Das wäre nur gerecht.“ „Ich mir selber?“, fragte der Franz. So richtig gut fand er den Vorschlag nicht.

Doch der Eberhard Most redete so lange auf den Franz ein, bis er ihn überzeugt hatte. Und er ließ ihm auch keine Zeit, sich die Sache noch einmal zu überlegen.

Gleich nach der Schule marschierte er mit dem Franz zum Spielwarenladen. Und leider hatte der Franz all sein Erspartes in der Hosentasche. Weil er auf dem Heimweg von der Schule die Vase für die Mama kaufen wollte.
Beim Laden angekommen, riss der Eberhard Most die Ladentür auf, schubste den Franz auf die Verkäuferin zu und rief: „Mein Freund möchte ein Selbstbau-Segelboot. Bitte zeigen Sie uns ein preiswertes Modell!"
Die Verkäuferin holte eine große Schachtel aus einem Regal. Die war rot-weiß-blau gestreift.
„Sonderangebot!", sagte sie. „Halber Preis! Direkt geschenkt!"
In der Schachtel war das Segelboot-Modell, das sich der Franz wünschte.

„Umtausch ist aber bei Sonderpreisen nicht möglich!", sagte die Verkäuferin.
„Will mein Freund ja auch nicht", sagte der Eberhard Most.
Der Franz legte sein erspartes Geld auf den Ladentisch. Und der Eberhard Most legte noch einen Zehner dazu. Weil das Boot trotz Sonderangebot mehr kostete, als der Franz gespart hatte.
„Ist mein Weihnachtsgeschenk für dich!", sagte der Eberhard Most.
„Aber ich hab kein Geschenk für dich", sagte der Franz.
„Du schenkst mir nach den Weihnachtsferien zehn Rechen-Hausaufgaben", sagte der Eberhard Most.
„Wenn du sie mir mit der linken Hand schreibst, sehen sie aus, als ob ich sie geschrieben hätte."

Der Franz trug sein Selbstbau-Segelboot heim. Ganz wohl fühlte er sich nicht in seiner Haut. Zu Hause schob der Franz das Paket mit dem Segelboot unter sein Bett. Er sagte sich: Auch Geschenke, die man sich selber macht, soll man erst am Heiligen Abend öffnen! Und eigentlich war er heilfroh, das Ding nicht mehr sehen zu müssen.

Die gerechte Verteilung

Am nächsten Tag, es war schon der 22. Dezember, saß der Franz in seinem Zimmer und versuchte wieder, den Opa zu malen. Diesmal mit Ölkreiden, weil die keine Farbkleckse machen können.

Da klingelte es an der Wohnungstür. Der Franz hörte Getuschel und Schritte und wieder Getuschel, und dann hörte er ganz deutlich die Gabi-Mama sagen: „Ich trage es besser gleich hinunter ins Auto.“

Und dann knallte die Wohnungstür ins Schloss. Der Franz legte die Ölkreide weg. Er stand auf und lief zum Fenster.

Er wollte sehen, was die Gabi-Mama zum Auto brachte. Er öffnete das Fenster und beugte sich hinaus.

Lange musste der Franz nicht warten, bis die Gabi-Mama aus dem Haus kam. Und als der Franz sah, was sie zum Auto trug, blieb ihm vor Schreck die Luft weg! Ein großes braunes Paket trug sie! Eins, von dem ein langer, dünner Papierstreifen flatterte! Und dort, wo das Papier vom Paket gerissen war, blitzte es grasgrün!

Der Franz raste aus seinem Zimmer. Ins Wohnzimmer zur Mama wollte er. Was er dort wollte, war ihm selber nicht klar. Aber immer, wenn der Franz in großer Not ist, will er zur Mama.

Bei der Küchentür prallte der Franz mit dem Josef zusammen.

„He, Zwerg, was ist denn? Brennt es irgendwo?“, fragte der Josef.

Der Franz hatte vor Aufregung wieder einmal seine komische Stimme. Er piepste: „Weißt du vielleicht, was da die Gabi-Mama gerade von uns weggetragen hat?“

„Weiß ich“, sagte der Josef. „Ein Weihnachtsgeschenk für die Gabi.“

„Wieso war das bei uns?", piepste der Franz. „Weil die Gabi ein neugieriges Luder ist", antwortete der Josef. „Sie durchsucht daheim alle Schränke."

Der Franz setzte sich vor der Küchentür auf den Fußboden, zog die Beine an, legte den Kopf auf die Knie und trommelte sich mit beiden Fäusten auf den Hinterkopf.

Die Mama kam und fragte, ob der Franz Trost brauche. Der Papa kam und fragte, ob der Franz Hilfe brauche. Der Franz wollte sich weder trösten noch helfen lassen. Aber verhöhnen wollte er sich auch nicht lassen. Als sich der Josef hinter ihn stellte, ihn in den Po trat und „Blödmann, hör auf!" zu ihm sagte, sprang der Franz auf. Er lief in sein Zimmer, zerrte die Segelboot-Schachtel unter dem Bett hervor, schlüpfte in den Anorak und die Stiefel und raste mit dem Paket aus der Wohnung. Die Mama und der Papa brüllten hinter ihm her, dass er gefälligst sagen möge, wohin er gehe. Der Franz kümmerte sich nicht darum.

Er rannte aus dem Haus, die Hasengasse hinunter, bog in die Hauptstraße ein und rannte weiter. Ohne

anzuhalten, lief er. Seitenstechen bekam er. Ein paarmal rutschte er auf dem Glatteis aus und fiel hin. Er rappelte sich wieder hoch und rannte weiter, bis er endlich, völlig atemlos, beim Altersheim der Oma war. Die Oma saß mit einer alten Dame und einem alten Herrn im Fernsehzimmer. Einen uralten, schwarz-weißen Liebesfilm schauten sie an. Doch sie knipsten den Fernseher gleich aus, als der keuchende, verschwitzte Franz hereinkam.
Es dauerte ziemlich lange, bis die Oma und die alte Dame und der alte Herr aus dem Franz-Gepiepse schlau wurden. Die alte Dame und der alte Herr wollten dem Franz Geld geben, damit er doch noch die Vase kaufen könne. Aber das ließ die Oma nicht zu. Sie sagte: „Sein Problem ist nicht, dass er ein Geschenk zu wenig hat, sondern dass er ein Geschenk zu viel hat!"
Dann nahm sie den Franz an der Hand und ging mit ihm in ihr Zimmer hinauf. Sie sagte: „Wir lösen dein Problem durch Tausch!"
Sie holte aus ihrem Schrank eine rote Vase und sagte: „Ich nehme das Boot, du kriegst dafür die Vase. Rot gefällt deiner Mama sicher ebenso gut wie Blau."
Der Franz griff nach der Vase und atmete erleichtert auf. Doch mitten im Aufatmen fiel ihm ein: Die Oma kann doch mit dem Boot gar nichts anfangen. Das ist ein schlechter Tausch für sie.

Aber da sagte die Oma: „Ich wollte die Vase meiner Nachbarin schenken. Doch gerade vorhin hat sie gesagt, dass sie Blumen nicht sehr mag. War also eh keine gute Idee!"
„Und was schenkst du jetzt der Nachbarin?", fragte der Franz.
Die Oma kramte im Schrank und nahm ein Buch heraus. „Das da!", sagte sie. „Ich wollte es dem Portier schenken. Aber der liest sowieso nicht gern. War also eh keine gute Idee!"
„Aber was schenkst du jetzt dem Portier?", fragte der Franz.
Die Oma kramte wieder im Schrank und zog einen

roten Schal heraus. „Den hier!“, sagte sie. „Den wollte ich deinem Onkel Erwin schenken. Aber dem steht Knallrot sowieso nicht. War also eh keine gute Idee!“
„Und was schenkst du jetzt dem Onkel Erwin?“, fragte der Franz.
„Für den hab ich was Feines!“, rief die Oma und holte ein Schachspiel aus dem Schrank. „War für deinen Papa bestimmt“, sagte sie. „Aber der taugt sowieso nicht für so ein schlaues Spiel. War also eh keine gute Idee!“
„Und geht jetzt mein Papa leer aus?“, fragte der Franz besorgt.
„Wieso denn?“, rief die Oma. „Der kriegt das Segel-

boot! Unlängst hat er sich eh bei mir beschwert, dass er als Kind zu wenig Spielzeug gehabt hat." Und dann sagte die Oma noch, dass nun alles mit den Geschenken viel besser als vorher sei. Dass nun jeder das richtige Geschenk bekomme. Und dass das nur dem Franz zu verdanken sei!

Ziemlich spät kam der Franz heim. Die Mama und der Papa schimpften ihn mächtig aus. Das sei keine Art, wegzugehen, ohne zu sagen, wohin! Und dann noch so lange auszubleiben! Der Franz ließ die Schimpferei über sich ergehen.

Er sagte bloß: „Tut mir leid, es war urwichtig."

„Und dürfte man wissen, was so urwichtig war?", fragte der Josef.

„Die gerechte Verteilung!", antwortete der Franz. Mehr zu erklären, war er nicht bereit.

Ein Geistesblitz

Am 23. Dezember kamen der Franz und die Gabi schon um zehn Uhr aus der Schule. Vor der Wohnungstür vom Franz sagte die Gabi: „In fünf Minuten machen wir Bescherung. Komm ja nicht später! Wir fahren um elf!“

Der Franz klingelte pünktlich fünf Minuten später bei der Gabi. Unter dem Arm hatte er sein Geschenk. Das Briefpapier. Die Mama hatte es für den Franz besorgt. Und bis jetzt hatte sie vergessen, vom Franz das Geld dafür zu kassieren. Der Franz hoffte, dass die Mama weiter vergesslich bleiben werde.

Seit dem Segelboot-Kauf hatte er ja keinen einzigen Groschen mehr. Und Taschengeld war erst wieder im neuen Jahr zu erwarten.

Die Gabi öffnete dem Franz die Tür. Sie war total verzweifelt. „Der Puppenchristbaum ist kaputt!", jammerte sie. „Und meine Eltern sind so gemein und wollen ihn nicht reparieren!"
„Was heißt da nicht wollen!", rief der Gabi-Papa. „Wir sind doch keine Elektriker!"
Und die Gabi-Mama rief: „Außerdem haben wir keine Zeit! Wir müssen Koffer packen!"
Der Franz sagte: „Geht ja auch ohne brennende Kerzen." Es ist doch keine Festbeleuchtung nötig, fand er, wenn man drei Schraubenzieher bekommt.
Doch die Gabi jammerte weiter, und da meinte ihre Mama: „So nimm halt echte Kerzen. Im Schrank muss noch ein Karton mit Christbaumschmuck sein." Die Gabi holte den Karton aus dem Schrank und war getröstet. „Jetzt wird es ja noch viel feierlicher!", rief sie. Sie schob den Franz ins Wohnzimmer und drückte ihn auf die Sitzbank.

„Du wartest, bis ich fertig bin", sagte sie. „Damit es eine Überraschung wird."

Der Franz hockte auf der Sitzbank und wartete. Eine Minute verging, noch eine Minute verging, noch zwei Minuten vergingen und dann wieder zwei. Dem Franz wurde langweilig. Er stand auf. Er wanderte im Wohnzimmer auf und ab. Und wie er an der Kommode vorbeikam, sah er dort zwei schmale, lange Päckchen liegen. Gleich schmal, gleich lang. In Silberpapier waren sie gewickelt. Mit rotem Band waren sie verschnürt. Unter dem roten Band steckte auf jedem Paket ein Kärtchen. Auf dem einen stand FRANZ. Auf dem anderen PETER.
Der Franz dachte: Kriegt der Kerl auch drei Schraubenzieher von ihr?
Um festzustellen, ob er richtig gedacht hatte, betastete der Franz das PETER-Päckchen. Er spürte in der Mitte etwas hartes Rundes und rechts und links davon etwas schmales Weiches. Und der Franz hörte auch etwas. Aus dem Päckchen tickte es!
Das war ja nun der Gipfel! Der Franz sollte drei Schraubenzieher bekommen! Und dieser Peter sollte eine Uhr bekommen!
Der Franz dachte: Jetzt gehe ich sofort mit meinem schönen Briefpapier heim. Und rede mit der Gabi mein Leben lang kein Wort mehr.
Der Franz war schon auf dem Weg in den Flur, da durchzuckte ihn ein Geistesblitz! Er machte kehrt und lief zur Kommode zurück.

Er zog die zwei Kärtchen unter den Bändern hervor und steckte das FRANZ-Kärtchen auf das PETER-Paket und das PETER-Kärtchen auf das FRANZ-Paket. Kaum war er damit fertig, kam die Gabi.

„Es ist so weit!“, rief sie, nahm das Paket mit dem FRANZ-Kärtchen und führte den Franz in ihr Zimmer. Echt feierlich sah es dort aus. Die Rollos waren heruntergezogen. Quer durch das Zimmer war ein Seil gespannt, von dem baumelten viele sprühende Wunderkerzen.

Auf dem Schreibtisch lagen eine Menge glitzernde Christbaumkugeln, zwischen denen rote Kerzen flackerten. Und von der Deckenlampe schwebten Lamettafäden herunter.

Der Franz war tief beeindruckt. Er sang mit der Gabi „Ihr Kinderlein kommet …“. Dann überreichte er der Gabi das Briefpapier, und die Gabi überreichte ihm das FRANZ-Paket.

Die Gabi riss sofort das Einwickelpapier von ihrem Geschenk. Sie hüpfte vor Freude auf einem Bein durch das Zimmer und rief dabei: „Genau dieses

Papier habe ich mir gewünscht! Franz, du bist ein Schatz!" Dann sagte sie zum Franz: „So mach doch dein Geschenk auch auf."
Der Franz knüpfte die rote Schleife auf. „Hoffentlich gefällt es dir", sagte die Gabi.
Der Franz löste den Tesa-Streifen vom Silberpapier. „Es ist etwas sehr Praktisches", sagte die Gabi. Der Franz wickelte das Silberpapier auf. Dabei stellte er sich so hin, dass die Gabi nicht ins geöffnete Päckchen sehen konnte. „Oh Gabi!", rief er. „Du bist auch ein Schatz!"
Die Gabi hüpfte auf einem Bein zur Tür und brüllte zum Wohnzimmer hin: „Mama! Er freut sich! Du hast unrecht gehabt!"
Dann drehte sie sich zum Franz und sagte: „Meine Mama hat nämlich behauptet, dass das kein gutes Geschenk für dich ist."
Der Franz nahm die Uhr aus dem Silberpapier. Sie

hatte ein rotes Armband, ein weißes Zifferblatt und darauf, statt der Ziffern, zwölf kleine rote Herzen. Eine ganz prächtige Uhr war das!
Der Franz hob die Uhr hoch und rief: „Genau diese Uhr habe ich mir gewünscht!“
Die Gabi starrte auf die Uhr. Mit kugelrunden Augen und offenem Mund starrte sie.

Der Franz sagte: „Weil wir so gute Freunde sind, wissen wir eben genau, was dem anderen gefällt.“
„Aber eigentlich …“, sagte die Gabi, „also eigentlich …“ Dann schwieg sie und schaute drein, als ob sie Zahnweh hätte.
„Ist was?“, fragte der Franz.
Die Gabi schluckte. Schluckte einmal, schluckte zweimal, schluckte dreimal. Dann sagte sie: „Nein, nein. Gar nichts ist.“
Der Franz gab der Gabi einen Kuss auf die rechte Wange und einen auf die linke. „Schöne Weihnachten noch“, sagte er und lief mit seiner Herzchen-Uhr nach Hause. Ein schlechtes Gewissen hatte er nicht. Ganz im Gegenteil! Er war überzeugt, bloß eine große, jahrelange Gemeinheit endlich aus der Welt geschafft zu haben.

Für jeden eins

Beim Franz daheim gab es in diesem Jahr Weihnachten so schön wie noch nie!
Weil der Franz für den Josef ja nun keine Schraubenzieher hatte, schenkte er ihm seine alte Armbanduhr. Und das Geschenk passte haargenau, denn der Josef hatte seine Uhr im Schwimmbad verloren.
Die ganzen Feiertage über war der Josef echt lieb zum Franz. Aus lauter Rührung über das großzügige Geschenk.
Und der Papa vom Franz konnte sich vor lauter Glück über das Selbstbau-Segelboot kaum fassen. Alle zehn Minuten bekam die Oma einen Kuss von ihm.
Für den Franz war natürlich auch ein Selbstbau-Segelboot unter dem Christbaum. Und der Franz freute sich wie ein Schneekönig, dass der Papa genug mit dem eigenen Segelboot zu tun hatte und ihm beim Zusammenbauen nicht dauernd dreinredete.
Der Josef redete dem Franz auch nicht drein, denn der bastelte am Segelboot herum, das die Tanten für den

Franz geschickt hatten. Das hatte der Franz dem Josef großzügig überlassen.
Und am ersten Weihnachtstag kam der Onkel Erwin zu Besuch und brachte zwei Selbstbau-Segelboote mit! Eins für den Josef, eins für den Franz. Und weil sich die Mama und die Oma sofort über die zwei Boote hermachten, hätte es am Abend beinahe nichts zu essen gegeben.
Der Papa, die Mama, die Oma, der Franz und der Josef hockten um den Tannenbaum herum, und alle paar Minuten sagte einer von ihnen: „Nun sollte aber endlich jemand in die Küche gehen und kochen!"
Aber keiner von ihnen tat es. Jeder werkte an seinem Segelboot weiter.
Und so ging schließlich der Onkel Erwin in die Küche und schimpfte dabei vor sich hin: „Eine feine Einladung ist das, wo man sich die Weihnachtsgans selbst braten muss!"

Fernsehgeschichten vom Franz

Worüber der Franz unzufrieden ist

Der Franz ist mit seiner Mama und mit seinem Papa fast immer zufrieden. Nur wenn es ums Fernsehen geht, muss er sich über die beiden ärgern. Weil sie Fernsehmuffel sind! Kabel-Fernsehen oder eine Satelliten-Schüssel wollen sie nicht. Bloß drei Programme kann der Franz sehen. Oft beschwert er sich bei der Mama: „Alle Kinder haben Kabel. Oder eine Satelliten-Schüssel. Zwanzig Programme können die sehen. Und ich bin dauernd der Blöde."

Der Franz kommt sich wie „der Blöde" vor, weil die Kinder in der Schule immer von den Filmen reden, die sie im Fernsehen angeschaut haben. Und er kann dann nie mitreden. Und weil die Kinder sehr oft und sehr lang davon reden, kann er sehr oft nicht mitreden und muss sehr lang den Mund halten.

Der Eberhard hat ihn auch schon gefragt, ob seine Eltern so arm sind, dass sie sich keine Satelliten-Schüssel und keinen Kabel-Anschluss leisten können. Oder

ob sie zu den Knackern gehören, die gegen das Fernsehen sind.
Der Franz mag nicht, dass man seine Eltern für arm hält. Oder für Knacker. Und den Mund halten, wenn andere reden, mag er auch nicht.
Vor zwei Wochen nun haben die Kinder wieder einmal über eine TV-Serie geredet. Über eine, wo ein Detektiv einen Hund als Partner hat. Und der ist so klug, dass er Verbrechen erschnüffelt.
Die einen Kinder haben die Serie toll gefunden. Die anderen Kinder haben gesagt, sie sei doch totaler Unsinn. Weil es so einen Hund nicht geben kann. Der Franz hat still dabeigesessen.

„Was meinst du?“, hat ihn der Alexander gefragt.
Der Franz wollte nicht schon wieder sagen, dass er diese Serie zu Hause nicht sehen kann. So sagte er: „Ich hab was anderes angeschaut.“ (In Wirklichkeit hatte er mit der Mama Fang-den-Hut gespielt.)
„Und zwar?“, fragte der Alexander.
„Eine andere Serie“, sagte der Franz.
„Und zwar?“, fragte die Martina.
„Eine … von einem Astronauten … von einem anderen Planeten … der landet bei uns … und sein Raumschiff geht dabei kaputt“, sagte der Franz.

„Auf welchem Sender?“, fragte der Max.
„Sat-sechs!“, sagte der Franz, und seine Stimme war dabei ein bisschen piepsig.
„Sat-sechs?“ Die Martina und der Max und der Alexander tippten sich mit einem Zeigefinger an die Stirn. „Sat-sechs gibt es gar nicht!“, riefen sie.
Der Franz dachte: Wer einen Schwindel anfängt, muss ihn durchhalten! Er piepste: „Den gibt's! Ist mit der Spezial-Antenne zu empfangen, die mein Papa gebastelt hat!“

Nicht nur die Martina, der Alexander und der Max, alle Kinder schauten jetzt misstrauisch. Und der Peter sagte: „Sein Papa und Antennen basteln? Dem muss mein Papa sogar die Winterreifen montieren, weil er so ungeschickt ist."

Doch da kam der Eberhard dem Franz zu Hilfe. Der Eberhard beschützt den Franz immer. Und dabei ist es ihm egal, ob der Franz die Wahrheit sagt oder mogelt. Für einen besten Freund spielt das keine Rolle! Der Eberhard rief: „Und ob sein Papa das kann! Ich kenne die Antenne. Die ist super! So klein wie ein Suppenteller und oben auf dem Dach. Aber der Satellit, von dem die Programme kommen, läuft erst zur Probe."

Dann sagte er noch: „Vielleicht in zwei Jahren oder so könnt ihr Sat-sechs dann auch sehen."

Die Kinder waren sehr beeindruckt. Dass der Eberhard dem Franz beim Schwindeln beistand, kapierten sie nicht.

Jeden Tag musste der Franz in der Schule nun berichten, was in der Raumschiff-Serie von Sat-sechs Neues passiert war.

Am ersten Tag piepste der Franz noch, als er den Kindern erzählte, dass sich der Astronaut im Wald ein Baumhaus gebaut hat. Und friert, weil im Film Dezember ist. Und sich über den Schnee trotzdem freut. Weil es auf Planet Gomel, wo er zu Hause ist,

keinen Schnee gibt. Dort regnet es nur violett und lauwarm.
Am zweiten Tag piepste der Franz kaum noch, als er erzählte, dass zwei Jungen den Astronauten finden, aber seine Sprache nicht verstehen. Und der Astronaut holt aus dem Raumschiff den „Weltall-Übersetzer". Und der übersetzt ins Deutsche, was der Gomel-Astronaut sagt, und ins „Gomelische", was die Buben sagen. Und die wollen dem Gomel-Mann helfen, das Raumschiff flottzukriegen. Weil der starkes Heimweh hat.

So erzählte der Franz nun jeden Tag drauflos. Vom reparierten Raumschiff, das dann doch ein bisschen zu wenig Kraft für den Start hat. Davon, wie der arme Astronaut von Tag zu Tag schwächer wird, weil seine Essensvorräte ausgehen – lauter Pillen und Tubenpasten – und er nach allem, was ihm die Buben zu essen bringen, Durchfall bekommt. Nur nach Zimtsternen, wie sie die Mama des einen Buben backt, kriegt er den Durchfall nicht. Darum stibitzt der Bub zu Hause alle Zimtsterne, die seine Mama für Weihnachten backt, und füttert damit den Astronauten durch. Und seine Mama glaubt, dass jede Nacht Einbrecher kommen, und meldet das der Polizei.
Dem Franz machte es keine Mühe, sich jeden Tag eine neue Astronauten-Folge auszudenken. Es machte ihm

eher Spaß. Im Geschichtenerfinden ist er nämlich gut. Außerdem ist es super, wenn einem alle in der Klasse zuhören. Der Franz hatte das bisher noch nie erlebt. Und so genoss er es halt.

Das Dumme an der Sache war bloß, dass die Kinder immer neugieriger und neugieriger auf die Sat-sechs-Serie wurden. Sie wollten sie nicht nur hören, sie wollten sie auch sehen.

„Kann ich heute Nachmittag zu dir kommen?", fragten sie den Franz. Die Stimme vom Franz war sehr piepsig, wenn er dann sagte: „Geht nicht. Meine Mama ist bei der Arbeit und mag nicht, dass fremde Kinder kommen."

Ein paar Kinder ließen trotzdem nicht locker. „Bloß für eine halbe Stunde, wo die Serie läuft", bettelten sie

hartnäckig. „Nachher gehen wir gleich wieder. Deine Mama wird hinterher gar nicht merken, dass wir da gewesen sind."
Dann wusste der Franz nicht mehr ein noch aus, aber der Eberhard merkte es und scheuchte die Kinder vom Franz weg und brüllte: „Lasst ihn in Ruhe! Ihr kennt seine Mama nicht. Die ist eine Furie. Wenn die eure Mutter wäre, würdet ihr auch nicht wagen, etwas Verbotenes zu tun."
Dem Franz wurde jedes Mal flau im Magen, wenn der Eberhard so von der Mama redete. Das hatte sie wirklich nicht verdient. Noch nie hatte sie dem Franz verboten, Schulfreunde einzuladen. Eine Furie war sie schon gar nicht. Die meisten Kinder in der Klasse hätten froh sein können, eine so liebe Mama zu haben.

Der Gomel-Mann wird ein Problem

Eine Woche nachdem der Franz in der Schule die erste Gomel-Astronauten-Folge erzählt hatte, saß er daheim und machte seine Hausaufgaben. Die Mama und der Papa vom Franz waren noch bei der Arbeit. Der Josef war im Schwimmbad. Nur die Frau Sokol war da. Die kommt zweimal in der Woche zum Putzen. Der Franz ist nicht sehr gern mit der Frau Sokol allein. Weil die nämlich die ganze Wohnung so sauber vorfinden will, wie sie sie drei Tage vorher verlassen hat. Und weil das nie passiert, macht sie dem Franz Vorwürfe, dass auf dem Spiegel im Bad Dreckfinger-Abdrücke sind. Und Bleistiftspitzer-Mist auf dem Teppich. Und Gummiabsatz-Striemen auf den Kacheln in der Küche. Und wenn ein bunter Socken in dem Wäschekorb liegt, wo nur weiße Sachen zum Kochen reinkommen sollen, flippt sie überhaupt aus. Dabei ist es immer der Josef, der den Spiegel begrapscht, die Bleistifte neben dem Papierkorb spitzt, mit den Absätzen über die Küchenkacheln radiert und seine dreckigen Socken in den falschen Korb wirft. Und nur, weil er weggeht, wenn die Sokol naht, muss sich der unschuldige Franz das Gekeife anhören.

Der Franz machte sich hinter seinem Schreibtisch also mäuschenklein. In der Hoffnung, die Sokol werde ihn vielleicht übersehen.

Und wie er so geduckt dahockte, klingelte es an der Wohnungstür. Und weil der Josef oft vergisst, Schlüssel mitzunehmen, dachte der Franz: Das ist der Josef. Gut, dass er schon kommt. Dann kann sich die Sokol gleich an den Richtigen wenden.

Der Franz lief zur Wohnungstür und machte sie auf. Aber da stand nicht sein Bruder, da standen der Max, die Martina und der Alexander! Sie drängten sich am Franz vorbei in den Flur.

„Haben wir dir mitgebracht“, sagte die Martina und gab dem Franz eine Tüte Schoko-Bananen. Der Franz hatte Zitterfinger. Er konnte die Tüte nicht halten. Sie plumpste zu Boden.

Der Max und der Alexander sammelten die Schoko-Bananen ein. Die Martina sagte: „Wir haben im Schwimmbad deinen Bruder getroffen. Der hat gesagt, dass wir uns irren! Eure Mutter hat nichts gegen Besuch!“ Der Max und der Alexander drückten dem Franz die Schoko-Bananen wieder in die Hand.

Die Martina deutete zur Wohnzimmertür.
„Ist euer Fernseher dort drinnen?“, fragte sie. Der Franz stand stocksteif da. Kein einziges Wort brachte er raus. In seinem Kopf schlugen irre Ideen Purzelbäume: Hauptsicherung runter und behaupten, dass wir keinen Strom haben.

Lügen, dass mein Papa Scharlach hat und niemand wegen Ansteckung in die Wohnung darf. Sagen, dass es einen Spezial-Decoder für das Sat-sechs-Programm gibt, den meine Mutter mitgenommen hat. Umfallen und so laut stöhnen, dass sie glauben, ich bin todkrank, und sich um mich kümmern und die Gomel-Serie vergessen. Oder einfach aus der Wohnung rennen, zur Gabi flüchten und warten, bis sie weg sind? Und nachher in aller Ruhe überlegen, wie ich das morgen in der Schule erklären könnte?

Bevor sich der Franz für eine Idee entschieden hatte, waren die drei im Wohnzimmer, und der Franz hörte die Stimme von Frau Sokol.

In ihrem allerbesten Keifton schimpfte sie: „Also, wenn ich putze, kann ich euch Fratzen dabei nicht brauchen. Raus mit euch, ich will den Teppich aufrollen! Dalli-dalli, marsch-marsch!"

Mit entsetzten Gesichtern stolperten der Max, der Alexander und die Martina zurück. Als sie am immer noch stocksteifen Franz vorbeiliefen, rief die Martina: „Entschuldige, Franz!" Der Max rief: „Wir wollten dir keine Probleme machen." Der Alexander rief: „Weshalb streitet dein Bruder auch ab, dass eure Mutter eine Furie ist?"

Dann waren die drei im Treppenhaus, und die Wohnungstür knallte zu. Der Franz lehnte sich an die Wand und atmete erleichtert durch.

Am nächsten Tag in der Schule erzählte der Franz den Kindern die achte und letzte Gomel-Folge.
Der Astronaut, erzählte er, habe endlich zurückreisen können.
Die Buben wären gerne mit ihm geflogen.
Heimlich haben sie sich mitten in der Nacht von zu Hause davonmachen wollen. Der eine ist aber nur bis zur Gartentür gekommen. Weil dort die Polizei auf den Zimtsterndieb gelauert hat. Die hat ihn geschnappt und zu den Eltern zurückgebracht. Und der andere hat beim Treffpunkt gewartet und gewartet. Ohne seinen Freund wollte er aber nicht ins All.
So ist der Gomel-Astronaut allein gestartet. Zum Schluss sagte der Franz: „Bevor er weg ist, hat er versprochen wiederzukommen. Aber erst in zwei Jahren. Eine neue Staffel gibt's deshalb in den nächsten zwei Jahren garantiert nicht."

Der Franz und das Gewissen

Nun hatte der Franz das Sat-sechs-Problem erledigt. Aber sein schlechtes Gewissen wegen der Mama hatte er noch, und wie er das wegkriegen sollte, wusste er nicht. Er fand, dass er da Rat brauchte. Bloß von wem? Der Josef taugte dazu nicht. Der schwätzte alles gleich dem Papa und der Mama weiter.

Der Papa war bei Problemen auch nicht so gut. Bei den einen lachte er, bei den anderen wurde er zornig. Und man wusste vorher nie, ob das, was man erzählte, für ihn Grund zum Lachen oder zum Zornigsein war.

Aber der Franz brauchte ziemlich dringend Rat. Es ging nämlich nicht nur um sein schlechtes Gewissen. Bald hatte die Gabi Geburtstag, und da hatte sie sich eine Party gewünscht. Eine mit zwanzig Gästen. Die Gabi-Wohnung war aber klein. Mehr als sechs Kinder hätten da nicht sehr gut feiern können. Deshalb hatte die Mama vom Franz der Gabi-Mama vorgeschlagen:

„Macht die Party in unserer Wohnung, da ist Platz für zwanzig Kinder."
Und die Gabi hatte auch Kinder aus der Klasse vom Franz eingeladen. Leider waren der Max und die Martina dabei. Und die hielten doch die Sokol für die Mama vom Franz! Was sollte er denn sagen, wenn die zwei auf der Party seine Mama sahen?
Der Franz überlegte: Der einzige Mensch, der immer Rat weiß, ist die Mama. Ich muss die Mama fragen.
Der Franz wartete, bis die Mama heimkam. Und bis er allein mit ihr reden konnte. Als die Mama im Bad war und duschte, ging er zu ihr. Er setzte sich auf den Hocker neben der Wanne. Richtig gut fand er es, dass der Duschvorhang zwischen ihm und der Mama war. So musste er die Mama nicht anschauen beim Reden, und die Mama konnte ihn auch nicht sehen.

„Du, Mama", begann der Franz, „ein Kind aus meiner Klasse hat ein Problem."
Der Franz fand, dass er da gar nicht log. Er war ja schließlich ein Kind aus seiner Klasse.
„Schieß los!", rief die Mama hinter dem Vorhang. „Ich werd schon einen Rat wissen."
Der Franz erzählte die ganze Sache ziemlich exakt; abgesehen davon eben, dass er statt „ich" immer „dieses Kind" sagte.
Als er mit seiner Geschichte fertig war, war auch die Mama mit dem Duschen fertig, stieg aus der Wanne und wickelte sich in ein Badetuch.
„Ich seh da kein Problem", sagte sie. „Diese Mama muss sich ja nicht kränken, weil sie gar nichts davon weiß."
„Aber dieses Kind hat ein schlechtes Gewissen", piepste der Franz. „Weil seine Mama doch in Wirklichkeit sehr lieb ist und keine Furie."
„Wenn ich dieses Kind wäre", sagte die Mama, „würde ich mir da kein Gewissen machen." Sie zwinkerte dem Franz zu. „Eine Mama, die so eigensinnig ist, dass sie dem Sohn nur drei TV-Programme gönnt, muss eben auch allerhand einstecken."
Der Franz war noch immer nicht zufrieden.
Er sagte: „Aber jetzt kommen doch die Kinder zu dem Fest und sehen seine wirkliche Mama."

„Na und?“ Die Mama rieb sich Festiger in die nassen Haare. „Wenn ich dich recht verstanden habe, hat dieses Kind doch nie gesagt, dass die Putzfrau seine Mama ist, oder?“

Der Franz nickte. Die Mama bürstete ihre nassen Haare durch. „Die Kinder haben das ja nur irrtümlich angenommen, oder?“

Der Franz nickte wieder. Die Mama ließ den Föhn losbrummen. „Dann werden sie halt merken, dass sie sich geirrt haben. Und an dem Irrtum ist ja der Freund schuld, der ihnen die Furie vorgemogelt hat.“

„Meinst du?“, fragte der Franz.

„Meine ich“, sagte die Mama und ließ ihre Haare im Föhnwind flattern. Der Franz stand erleichtert auf und wollte aus dem Bad. Als er an der Tür war, sagte die Mama: „Und wer weiß, vielleicht werd ich sowieso zur Furie, wenn zwanzig Kinder bei uns toben!“

Wie angewurzelt blieb der Franz stehen! Blutorange-

rot wurde er. Vom Haaransatz bis zum Hemdkragenknopf. „Aber wieso … du doch nicht … ich doch nicht …“, piepste er.
„Mach bloß kein Drama aus der Sache, lieber Franz“, sagte die Mama. „Wär eine lausige Liebe, die wegen so Pipifax einen Sprung kriegt.“
„Sicher nicht?“, fragte der Franz.
„Ehrenwort nicht!“, sagte die Mama. Nun war der Franz endlich hundertprozentig beruhigt.

Und beim Fest dann war es genau so, wie die Mama vorausgesagt hatte. Sogar noch besser! Den Max kümmerte die enorm „veränderte“ Mama überhaupt nicht. Und die Martina sagte bloß: „Mensch, Franz, da haben wir dich ja ganz umsonst bedauert. Die Furie, die uns weggejagt hat, war ja gar nicht deine Mama!“
Und der Franz piepste scheinheilig: „Wie seid ihr bloß auf die Idee gekommen?“
Aber darüber wollte die Martina nicht weiter nachdenken. War ihr nicht wichtig. Auf einer Kinder-Party muss man lachen und essen, tanzen und trinken und Quatsch machen. Da ist keine Zeit, über alte Irrtümer nachzudenken.

Die Oma hat eine gute Idee

Dass man besser keinen Fernsehsender erfindet, hatte der Franz nun eingesehen. Aber das änderte nichts daran, dass er noch immer „wie der Blöde" dahockte, wenn die anderen über Filme redeten, die sie im Fernsehen angeschaut hatten. Und der Franz hatte ja nicht bloß bei Kabel- und Satelliten-Sendern „Mattscheibe". Bei ihm zu Hause war man auch mit den drei mickrigen Programmen sparsam!

Da durfte der Fernseher nicht einfach „laufen". Die Mama und der Papa guckten sich immer in der Zeitung das Fernsehprogramm an, und nur wenn sie eine Sendung für „gut" hielten, schalteten sie ein. Sehr oft

kam das nicht vor. Meistens sagten sie: „Den Quatsch braucht keiner!"
Es war nicht so, dass sie dem Franz und dem Josef Fernsehen richtig verboten hätten. Aber sie lockten sie zu anderen Sachen.
Sie sagten: „Spielen wir mal wieder Malefiz." Oder: „Wir könnten der Oma zum Geburtstag was basteln." Oder: „Wie wär's, wenn wir Kekse backen?" Oder: „Die Abendluft ist heute so lau, gehen wir doch ein bisschen spazieren."
Hundert Sachen fielen denen ein. Und es war ja auch schön, zusammen zu basteln, zu spielen, zu backen oder in der Abendluft spazieren zu gehen.
Nur am nächsten Tag eben, in der Schule, musste der Franz dann hören: „Unser Franz, der hat sich das wohl nicht ansehen dürfen. Dem erlauben die Eltern ja nur den Babykram."
In der Klasse vom Franz gibt es nämlich etliche Kinder, die ganz stolz darauf sind, dass sie bis Mitternacht fernschauen. Und dass sie Filme sehen, wo Leichen rumkugeln, Monster heulen, Flieger abstürzen, Schiffe sinken, Autos brennen, Indianer verbluten, Cowboys herumknallen und Gauner Geiseln nehmen.

Und alle Kinder, die solche Filme nicht sehen, sind für sie „Babys".
Wer groß und stark ist, kann es aushalten, als „Baby" zu gelten. Aber der Franz ist klein und schwach.
Ihn trifft das sehr. Für ihn ist „Baby" das schlimmste Schimpfwort, das er kennt.
So hat er sich, als er wieder einmal bei der Oma war, bitter über das „Baby"-Gerede beklagt, das ihm so gemein angetan wird.
Die Oma hat gesagt: „Sei froh, dass deine Eltern für dich Zeit haben. Ist eine Rarität heutzutage."
„Ja, eh …", hat der Franz gemurmelt.
Die Oma hat gesagt: „Wenn du nach neun Uhr, statt im Bett zu sein, vor der Glotze hockst, könnte man dich doch am nächsten Morgen über den Zaun hängen."
„Ja, eh …", hat der Franz gemurmelt.
Die Oma hat gefragt: „Was ist dann also das Problem?"
„Na", hat der Franz gesagt, „dass sie mich nicht Baby schimpfen würden, wenn ich mitreden könnte."
Die Oma hat genickt und nachgedacht. Schließlich hat sie gesagt: „Das kriegen wir hin. Wir haben ja gottlob den Kügerl."
Der Kügerl wohnt auch im Altersheim. Neben der Oma. Er ist aufs Fernsehen ganz versessen. Jeden Tag, bis spät in die Nacht, hat er den Fernseher in Betrieb. Die Oma schimpft ihn oft deswegen aus. Weil die Wände

im Altersheim dünn sind und sie schlecht schläft, wenn Fernsehlärm bis zu ihr dröhnt und wummert.
„Was kann der Kügerl denn tun?“, fragte der Franz.
„Dir Informationen liefern, damit du mitreden kannst“, antwortete die Oma.
„Wie soll denn das gehen?“, fragte der Franz.
„Ganz einfach!“, antwortete die Oma.

Und dann erklärte sie dem Franz, wie sie sich das dachte. Und der Franz gab der Oma einen dicken Kuss, weil die Idee super war.
Am nächsten Tag in der Schule, als die Kinder davon redeten, was sie sich heute im Fernsehen angucken wollten, passte der Franz gut auf. Besonders neugierig waren die Kinder auf einen Film, der DIE ROTE RÄCHERIN hieß.
Um neun Uhr sollte der beginnen, sagten sie.
Bis elf Uhr würde er dauern.
Die Martina jammerte: „Da muss ich den ganzen Nachmittag heute brav sein. Sonst erlauben meine Eltern nicht, dass ich bis elf aufbleibe.“

Der Eberhard sagte: „Meine Eltern gehen heute aus. Da kann ich bis Mitternacht fernsehen.“
Der Alexander sagte: „Ich hab einen eigenen Fernseher. Wenn ich den leise drehe, merken meine Eltern nicht, dass ich noch nicht schlafe.“
Und der Peter sagte: „Meine Eltern sind da nicht so. Wenn ich in der Früh ohne Muckser aufstehe, darf ich fernschauen, so lang ich will.“
Der Franz nahm einen Notizblock und schrieb darauf: DIE ROTE RÄCHERIN, 21 UHR. Dann steckte er den Block schnell weg. Gleich, als der Franz von der Schule heimkam – noch bevor er zur Gabi zum Essen ging –, schnappte er sich das Telefon und wählte die Nummer von der Oma.
„Hallo, hier Franz“, sagte er. „Es geht um die rote Rächerin. 21 Uhr, erstes Programm.“

Die Oma sagte: „Ich notiere: Die rote Rächerin. 21 Uhr! Wird sofort weitergeleitet."
„Dann bis morgen früh, Oma. Tschüs!", rief der Franz und legte auf.

Am nächsten Morgen, um sieben Uhr, klingelte beim Franz das Telefon.
Die Mama war im Schlafzimmer und suchte nach einer Strumpfhose ohne Laufmaschen.
Der Papa war in der Küche und kochte Kaffee.
Der Josef war im Bad und drückte sich Pickel auf der Stirn aus. Alle drei kamen in den Flur gelaufen. Doch da hatte schon der Franz sich das Telefon geschnappt. Einen Notizblock hatte er schon in der Hand. Sie hörten den Franz sagen: „Mann wird erpresst … wegen was bitte? … Aha! … Was uraltes Politisches … selbstmordet sich im Wasser. Fluss oder Meer? … Na, ist egal … und seine Witwe … rothaarig … rächt ihn … knallt alle nieder … Wer sind alle? … Ja, ja … die Erpresser … aber wer sind die?"
Dann lauschte der Franz und nickte und nickte und nickte. Schließlich sagte er noch „Danke, Oma", legte das Telefon weg und kniff die Augen fest zu. Das tut er immer, wenn er versucht, sich etwas gut zu merken.
„Was war denn das?", fragte der Papa verdutzt.

„Ist im Altersheim ein Mord passiert?“, fragte der Josef neugierig.
„Pscht!“, rief der Franz. „Stört mich nicht! Ich muss mir was ins Hirn hämmern. So schnell, wie die Oma redet, kann ich ja nicht schreiben.“
„Okay!“, sagten der Papa, die Mama und der Josef.

Der Papa machte sich wieder ans Kaffeekochen, die Mama ans Strumpfhosensuchen, der Josef ans Pickelausdrücken.
Aber beim Frühstück dann fragten sie wieder, was der komische Anruf zu bedeuten habe.
Der Franz ließ Honig auf sein Butterbrötchen tropfen und sagte: „Damit ich mitreden kann, wenn sie in der Schule über die rote Rächerin reden. Die war gestern im Fernsehen.“
„Franz!“, rief der Papa. „Das finde ich falsch.“
„Warum?“, fragte der Franz.
„Du solltest tapfer sein und den Kindern sagen“, rief der Papa, „dass das ein Schmarren ist, den sich gescheite Kinder nicht ansehen.“

„Zum Tapfersein bin ich noch zu klein“, sagte der Franz.
„Find ich auch“, sagte die Mama.
Der Papa zeigte auf den Josef. „Nimm dir ein Beispiel an ihm! Er mogelt den anderen auch nicht vor, dass er den Plunder gesehen hat.“

Der Franz wollte sagen, dass der Josef doppelt so breit und doppelt so lang ist wie er und dass sich keiner traut, ihn „Baby“ zu schimpfen. Doch da sagte der Josef: „Okay! Jetzt bin ich einmal echt tapfer und sag dir was. Weißt du, was ich mache, Papa? Ich lass mir alles, was ich sehen will, vom Egon aufnehmen. Und wenn ich bei ihm bin, schaue ich es mir an.“
„So ist das also“, murmelte der Papa.
Der Franz biss in das Honigbrötchen. „Und weil ich keinen solchen Freund habe, hilft mir die Oma“, sagte er.

In der Schule ging es dem Franz an diesem Tag sehr gut. Er konnte nicht nur mitreden, er konnte den anderen sogar etwas erklären. „War ja ganz nett", sagte er, „aber hinten und vorne Regiefehler! Um zehn Uhr hat die rote Rächerin einen Mann in New York erschossen, im Morgengrauen hat sie schon wieder einen in Los Angeles abgeknallt. So schnell ist keiner von New York in Los Angeles. Auch mit dem schnellsten Düsen-Jet nicht."

Die Kinder waren piff-paff, dass gerade der Franz einen Fehler, der ihnen nicht aufgefallen war, bemerkt hatte.

Von dem Tag an hatte der Franz in der Klasse als Filmexperte großes Ansehen.

Und wenn einmal die Telefon-Information nicht klappte, spielte es auch keine Rolle.

Da sagte der Franz dann:
„Also, den Schmarren gestern, den habe ich mir gar nicht angesehen."

Und da der Franz jetzt nicht mehr als Fernseh-Baby galt, sondern als Fernseh-Experte, sagten die anderen Kinder darauf: „Das war gescheit von dir. War wirklich nur Plunder und Schmarren."

Ein wirklich toller Abend

Einmal kam die Mama von der Gabi zur Mama vom Franz rüber. „Wir haben zwei Karten übrig für heut Abend, fürs Theater", sagte sie. „Von meinen Eltern. Die haben Grippe. Wollt ihr mitkommen?"
„Wäre schön", sagte die Mama vom Franz. „Aber der Josef ist übers Wochenende bei einem Freund. Wenn wir vier ins Theater gingen, wäre der Franz allein. Das schafft er noch nicht."
Der Franz wusste, wie gern seine Mama ins Theater geht. Und dass sie es so selten kann, weil es schwer ist, Karten zu bekommen.
Der Franz sagte: „Ich kann auch allein bleiben."
„Echt?", fragte die Mama.

„Echt echt!“, sagte der Franz. Er dachte: Einmal muss ich ja damit anfangen.
„Ganz allein bist ja nicht“, sagte die Gabi-Mama. „Die Gabi ist ja auch da.“
Als die Gabi-Mama weg war, fragte die Mama den Franz noch einmal, ob er ganz sicher sei, dass er mit der Gabi allein zu Hause bleiben könne. Und der Franz sagte, da sei er sich ganz sicher. Er freue sich sogar darauf. Einen richtig tollen Abend werden er und Gabi haben.

Um sieben Uhr kam die Gabi zum Franz rüber.
Um halb acht klingelten die Gabi-Eltern und riefen: „Abmarsch! Sonst kommen wir zu spät.“
Die Mama setzte ihr Schleierhütchen auf. Der Papa rückte seine Krawatte zurecht. Die Mama schlüpfte in die 12-cm-Absatz-Schuhe, der Papa steckte den Autoschlüssel ein.
Die Mama sagte: „Dann habt noch viel Spaß miteinander.“
Der Papa sagte: „Und streitet nicht. Es ist keiner da zum Streitschlichten.“
Und als die beiden aus der Wohnung gingen, rief die Gabi-Mama noch schnell zur Tür rein: „Wir kommen gleich nach dem Theater heim, Gabi. Ich hol dich dann rüber.“

Der Franz und die Gabi setzten sich ins Wohnzimmer.
„Spielen wir Memory?“, fragte der Franz.
„Nein, da gewinnst du immer“, sagte die Gabi.
„Spielen wir Domino?“, fragte der Franz.
„Nein, das ist langweilig“, sagte die Gabi.
„Was willst du denn spielen?“, fragte der Franz.
„Mach das Fernsehen an!“, sagte die Gabi. „Da kommt gleich ein Krimi.“
Der Franz knipste den Fernseher an. Werbung!

Der Franz und die Gabi schauten Damen an, die sich mit Creme einschmierten, Herren, die Joghurt aßen, Zwerge, die Gemüse ernteten. Kekse, die aus flüssiger Schokolade auftauchten, Kinder, die gelben Saft tranken, und Windeln, auf die blaue Flüssigkeit tropfte.
Die Gabi wollte mit dem Franz „Werbung-Raten" spielen. Sie sagte: „Wer von uns schneller errät, wofür eine Werbung ist, hat gewonnen!"
„Na gut", sagte der Franz.
Nach der neunten Werbung rief er: „Das ist ein blödes Spiel!" Die Gabi hatte nämlich neunmal zuerst erraten, wofür da geworben wurde.
„Das sagst du nur, weil ich besser bin!", rief die Gabi.
„Ist keine Kunst, wenn du dir das jeden Tag anguckst!", rief der Franz.
„Immer nur, was du kannst, wär bei dir eine Kunst!", rief die Gabi.
„Werbung ist sowieso blöd!", rief der Franz.
„Du bist blöd!", rief die Gabi und rückte ein Stück vom Franz weg.
Aber da war die Werbung ohnehin schon zu Ende, und der Krimi fing an.
Der Franz merkte gleich, dass das ein Film von der Sorte war, die ihm Gänsehaut machte.
Da war ein altes Schloss. In einer unheimlich nebeligen Gegend. Es war Nacht.

Und in einem Raum des Schlosses saß eine Frau beim Kamin und schaute in die Glut. Und über eine Rosenhecke kletterte ein Mann mit einer Strumpfmaske zu einem Schlossfenster rauf. Und dass der Kerl Böses vorhatte, war wohl anzunehmen.

„Willst du nicht lieber Domino spielen?", fragte der Franz.
„Pscht! Pass auf! Sonst kriegst du nichts mit", sagte die Gabi.
Der Maskenmann kletterte zum Fenster rein. Er zog ein Messer aus der Hosentasche und schlich durch das Zimmer auf eine Tür zu. Und dass hinter der Tür der Raum war, in dem die Frau beim Kamin saß, war zu befürchten.
„Oder spielen wir Kochen", sagte der Franz. Kochen-Spielen war das Lieblingsspiel von der Gabi.
„Neben dir kann man nicht fernsehen", rief die Gabi. Sie stand auf. „Dauernd störst du! Ich schau mir das lieber drüben bei mir an!" Die Gabi lief aus dem Wohnzimmer. Gleich darauf knallte die Wohnungstür zu.

Der Franz drehte den Fernseher ab, holte sich aus der Küche Kekse und Limo und ging in sein Zimmer. Er stellte Limo und Kekse auf den Nachttisch, tat einen Stapel alte Bilderbücher dazu, legte sich ins Bett, trank Limo, knabberte Kekse und blätterte in Bilderbüchern. Den halben Stapel hatte der Franz durch, da klingelte im Flur das Telefon.

Das wird die Mama sein, dachte er. Im Theater ist gerade Pause. Und sie will wissen, wie wir allein zurechtkommen! Der Franz lief in den Flur und ging ans Telefon.

„Hallo … hallo … ich dort … wer da?", rief er. Das sagte der Josef sonst immer.

Zuerst kapierte der Franz nur, dass nicht die Mama am anderen Ende der Leitung war. Da war eine Flüsterstimme. So leise, dass er kein Wort verstand.

„Bitte lauter reden!", rief der Franz.

Die Stimme wurde ein bisschen lauter, und der Franz merkte, dass die Gabi redete.

Jedes Wort konnte er noch immer nicht verstehen, nur: „Solche Angst … im Klo ist jemand … raschelt drin so … durchs Fenster rein …"

„Na, komm halt wieder rüber", sagte der Franz. Aus dem Telefon flüsterte es: „Ich trau mich nicht am Klo vorbei. Bitte, komm du zu mir rüber!"

„Ich? Zu dir?" Der Franz fand, das sei zu viel verlangt.

Er war ja kein Held! Er war schon stolz darauf, allein zu sein und trotzdem keine Gänsehaut zu haben. Aber ins finstere Treppenhaus gehen und im Knalldunklen zur Wohnung der Gabi tappen, das war eine Zumutung! Und bis zur Treppe tappen, um dort das Licht anzuknipsen, war eine noch größere Zumutung!

„Auf eurem Klo ist niemand“, sagte der Franz. „Komm nachschauen, bitte“, flüsterte es aus dem Hörer. „Ich hab Angst!“

„Du hast doch sonst nie Angst", rief der Franz.
„Weil der Film so grauslich war", flüsterte es aus dem Hörer. „Franz, bitte-bitte-bitte, komm, sonst sterb ich! Echt!"
Was blieb dem Franz anderes übrig? Er konnte doch seine beste Freundin nicht sterben lassen!
Der Franz nahm die Taschenlampe aus dem Schrank, knipste sie an, holte tief Luft und riss die Wohnungstür auf. So schnell wie diesmal hatte er die paar Meter bis zur Gabi-Wohnung noch nie zurückgelegt. Und die Wohnungstür riss er so erleichtert auf, dass er regelrecht in den Flur purzelte. Gottlob war es dort hell. Der Franz warf die Tür hinter sich zu und rief: „Gabi, wo bist du denn?"
„Hier", piepste es aus dem Wohnzimmer.
„Komm raus!", rief er. „Wir schauen im Klo nach." Er sah nicht ein, warum er das allein tun sollte.
Im Wohnzimmer rührte sich nichts.
„Okay", seufzte der Franz, ging tapfer zur Klotür und machte sie auf. Da raschelte tatsächlich was. Das Fenster war offen. Von der Klopapierrolle hing ein langer Streifen und flatterte in der Zugluft.
Der Franz stieg auf die Klomuschel, drückte das Fenster zu, wickelte den Papierstreifen auf die Rolle, ging ins Wohnzimmer und sagte: „Alles okay, Mörder in die Flucht geschlagen!"

Die Gabi kroch – samt Telefon – unter dem Tisch vor. Das Telefon zitterte in ihren Händen.
„Du … du … hast ihn … echt?", stammelte sie.
„Nein", sagte der Franz. „War leider keiner drin."
Dann blieb der Franz bei der Gabi und hütete sie, bis die Mamas und die Papas kamen.
Der Franz ließ es sich nicht anmerken, aber er war stolz auf sich.
Als er dann in seinem Bett lag, sagte er sich zufrieden: Hätte wirklich nicht gedacht, was ich alles schaffe, wenn es sein muss.

Anhang

Die Geschichten in diesem Buch stammen aus:

Nöstlinger, Christine: *Schulgeschichten vom Franz*
(© 1996, 2013 Verlag Friedrich Oetinger GmbH)

Nöstlinger, Christine: *Feriengeschichten vom Franz*
(© 1996, 2013 Verlag Friedrich Oetinger GmbH)

Nöstlinger, Christine: *Detektivgeschichten vom Franz*
(© 2010, 2013 Verlag Friedrich Oetinger GmbH)

Nöstlinger, Christine: *Krankengeschichten vom Franz*
(© 1998, 2014 Verlag Friedrich Oetinger GmbH)

Nöstlinger, Christine: *Liebesgeschichten vom Franz*
(© 1996, 2014 Verlag Friedrich Oetinger GmbH)

Nöstlinger, Christine: *Weihnachtsgeschichten vom Franz*
(© 1997, 2013 Verlag Friedrich Oetinger GmbH)

Nöstlinger, Christine: *Fernsehgeschichten vom Franz*
(© 1994, 2014 Verlag Friedrich Oetinger GmbH)